周勛初文集

門弟子 徐興無 敬書

周勋初文集

高適年譜
胡小石年表

周勋初 著

凤凰出版社

图书在版编目（ＣＩＰ）数据

　　高适年谱 ； 胡小石年表 / 周勋初著. -- 南京 ： 凤凰出版社，2023.7
　　（周勋初文集）
　　ISBN 978-7-5506-3948-5

　　Ⅰ．①高… Ⅱ．①周… Ⅲ．①高适（约706-765）—年谱②胡小石（1888-1962）—年谱 Ⅳ．①K825.6

　　中国国家版本馆CIP数据核字(2023)第099055号

书　　　　名	高适年谱　胡小石年表
著　　　者	周勋初
责 任 编 辑	孙　州
装 帧 设 计	徐　慧
责 任 监 制	程明娇
出 版 发 行	凤凰出版社(原江苏古籍出版社)
	发行部电话 025-83223462
出 版 社 地 址	江苏省南京市中央路165号，邮编:210009
照　　　排	南京凯建文化发展有限公司
印　　　刷	苏州市越洋印刷有限公司
	江苏省苏州市吴中区南官渡路20号，邮编:215104
开　　　本	880毫米×1230毫米　1/32
印　　　张	6.375
字　　　数	154千字
版　　　次	2023年7月第1版
印　　　次	2023年7月第1次印刷
标 准 书 号	ISBN 978-7-5506-3948-5
定　　　价	68.00元

（本书凡印装错误可向承印厂调换,电话:0512-68180638）

周勋初简介：

周勋初，上海市南汇县人，1929年生，副博士研究生肄业。

现为南京大学人文社会科学荣誉资深教授，历任南京大学研究生院副院长、古典文献研究所所长、中国古代文学重点学科学术带头人，兼任江苏省文史研究馆馆长。

高適年譜

周勛初著

上海古籍出版社 1980 年 9 月出版

周勋初文集

江苏古籍出版社

高适年谱
诗仙李白之谜
唐诗文献综述

4

《周勋初文集》江苏古籍出版社2000年9月出版

学术大家经典　主编　张一兵　周　宪

胡小石文史论丛

南京大学出版社

南京大学出版社 2008 年 4 月出版

南雍学术经典

主编 张一兵 周宪

胡小石文史论丛

国学大师胡小石文史学术精粹

当代著名文史学家、"南京大学人文社会科学
资深教授"周勋初 精心编订

南京大学出版社《南雍学术经典》之
《胡小石文史论丛》

南京大学出版社

南京大学出版社 2016 年 10 月出版

目　录

高適年谱

高适年谱

说　明

一、本书考定高适生平事迹，且为高适诗文编年。

二、为便读者查检计，诗文题上标数字，"诗"指《全唐诗》（中华书局铅印本），"集"指《高常侍集》（《四部丛刊》本），"文"指《全唐文》。

三、各本文字上之出入，如非必要，则径采用一说，不再分别注明。又如田仁琬一作田琬，季广琛一作李广琛之类，亦用一说统一之，不再作详细考证。

四、本书援引古籍较多，为求文字一致，采用浅近文言写作。

高适，字达夫。

李华《三贤论》（王定保《唐摭言》卷七、《文苑英华》卷七百四十四、《唐文粹》卷三十八）、《新唐书·高适传》、计有功《唐诗纪事》、陈振孙《直斋书录解题》均曰："高适，字达夫。"晁公武《郡斋读书志》（袁州本）、辛文房《唐才子传》则曰："高适，字达夫，一字仲武。"按唐人从无称高适为"仲武"者，且唐代一名二字之例颇罕见，故晁氏等人之说不可信。此说至后代始流传，则以宋、元时有高适编《中兴间气集》之传说，而此书编者高仲武亦渤海人，故而后人误将二高混为一谈矣。

行三十五。

曾祖佑,官宕州别驾。祖偘,官左卫大将军。父崇文,官韶州长史。

　　高适诗文中无自叙世系之作,史传中亦无系统记载,唯《旧唐书·高适传》曰:"父从文,位终韶州长史。"语焉不详,殊难究悉。然考之贞石,知高氏家族中四人有墓志传世,可据以确定高适世系之所从出。此四志文曰"高氏墓志",见《千唐志斋藏石》;曰"高琛墓志",见《千唐志斋藏石》;曰"高琛夫人杜兰墓志",见《千唐志斋藏石》;曰"高岑墓志",见《芒洛冢墓遗文四编》卷六。兹据四墓志文,参之史传,将高氏家族中人情况之可知者钩稽如下:

　　曾祖　佑,隋时官左散骑常侍,见高岑墓志;唐时官宕州别驾,见高琛墓志与高岑墓志。

　　祖　偘,高宗时名将,曾擒突厥车鼻可汗,攻高丽;官至陇右道持节大总管,安东都护;封平原郡开国公,食邑二千户。卒,赠左卫大将军,谥曰威;陪葬乾陵。岑仲勉为《补高偘传》,见《唐史馀沈》(中华书局出版)。

　　父　　崇文,见高氏墓志。兹将志文逐录于下:

　　"大唐前益州成都县尉朱守臣故夫人高氏墓志文

　　夫人讳嫒,渤海蓚人也。其先盖自虞为四岳,佐禹平水土有功,封于吕。历夏、商数代,始有齐国,子孙食焉,是分源流,命我高氏。迨春秋称敬仲之德,炎汉美孝甫之才,可谓风烈有素,明德光大矣。曾祖子□,皇朝宕州别驾;祖偘,左卫大将军;父崇文,韶州长史。"崇文即从文。

　　伯父　崇德,官并州司马,见高琛墓志。

　　伯父　崇礼,官云麾将军行左卫率府中郎将,见高岑墓志。

　　姊　　嫒,适朱守臣,卒于开元十一年六月二十二日,年三十七,见高氏墓志。志文撰者为李踶。

从兄弟　　崇德元子琛，官至南充郡司马，卒天宝八载，年七十二，子早卒，以侄铣嗣，见高琛墓志。琛妻杜兰乃武后时宰相杜景佺之女，罗振玉《丁戊稿·高君夫人杜氏墓志跋》有考证。

从兄弟　　崇礼子元琼，官遂州司户参军，见高岑墓志。

从　侄　　琛子荣，早卒，见高琛夫人杜兰墓志。

从　侄　　元琼元子岑，字柳奴，官至太子左赞善大夫，卒贞元十四年，年六十三，见高岑墓志。又高岑曾官殿中侍御史，贾至撰《授高岑殿中侍御史制》，载《文苑英华》卷三百九十五。景日昣《说嵩》卷十四："〔《陁罗尼咒》：〕嵩山隐士高岑书，无年月，笔下似不经意而有风致。"或是高岑早年之作。

从侄孙　　岑长嗣幼成，元和二年官邠宁节度押衙兼右随四厢兵马使，知邠州留后兵马事，银青光禄大夫，检校太子宾客兼监察御史，见高岑墓志。

从侄孙　　岑从侄岳，官朝散大夫试濮州长史，见高岑墓志。

从侄孙　　固，见《旧唐书·高固传》。

高适父辈之命名，似依古代道德观念，按德、礼、文排列。

【附录一】　王维有《送高道弟耽归临淮作》一诗，顾起经奇字斋本改作"高适弟耽"，凌濛初朱墨套印本沿用其说，且录顾氏原注曰："一作道，非。"《全唐诗》亦采此说，兼采校语，一似高适信有弟名高耽者。然此说实误，不可信从。顾起经本《王右丞诗笺》卷首《正讹》曰："《送高道弟归临淮》，耽本无传，而适系临人。诸本概作高道，今姑因适传正之作适。"诗题下又加注曰："高适沧州渤海人，意临淮、渤海旧同郡地。"此说持论之疏，在于地域观念不明。临淮、渤海相去远甚，何得混为一谈？高适郡望渤海，未仕前常寓宋中，何以又谓之淮人？凌濛初乃吴兴文士，偏长词曲，不善考索，致有此误。《全唐诗》编者乃清代翰林名宿，而成书匆遽，照录前人成说，亦沿其误，于是此种不经之谈，惑人甚矣。

【附录二】　万历年间李梦熊、顾震宇等纂修之《沧州志》卷八"诗"类载刘兼《寄高适书记》诗曰："齐朝庆裔祖敖曹，麟角无双凤九毛。声价五侯争辟命，文章一代振风骚。醉琴自寄陶家意，梦枕谁听益郡刀？补衮应星曾奏举，北山南海孰为高！"则是以适为高昂之后。高昂，字敖曹，见《北齐书·高昂传》。高昂为渤海蓨人，与高适郡望相同。《沧州志》以为适系高昂之后，似属可信，然此诗题目有误，"适"乃衍文，故而此说不可信据。胡震亨《唐音戊签》"闰余"卷六十二（《唐音统签》卷八百十七）曰："兼集诸志不载，各选亦无之。近云间朱氏得宋本，刻《唐百家诗》中。今详其诗句，似是吴中人，仕为蜀守者。……集中又有《长春节》诗，为宋太祖诞节，其人五代人入宋初者。"《唐才子传》"殷文圭"下亦云："唐季文体浇漓，才调荒秽。"刘兼等人"虽有集相传，皆气卑格下"。可见此人无缘与高适相接。朱警所刻《唐百家诗》内《刘兼集》录此诗，题作《寄高书记》，《唐音戊签》等书均同。

传称渤海蓨人，乃举其郡望而言，真实籍贯殊难断言。所可知者，早年随父旅居岭南，中年寓居宋中，似从未在沧州定居。

《旧唐书·高适传》曰"渤海蓨人"，与高氏四墓志文同，然此乃唐人举郡望之旧习，非谓其籍贯在沧州之地也。从现存高适诗文看来，对渤海旧地之情况一无记叙，《淇上酬薛三据兼寄郭少府微》诗曰"天长沧州路"，对此亦无特别提示，可知高适或从未住过沧州。《新唐书·高适传》曰"沧州渤海人"，《唐诗纪事》《唐才子传》则曰"沧州人"，意在调停古今地名，实则唐人之郡望已与籍贯无法统一，而沧州之说，既非郡望，又非籍贯，可谓两头脱空，徒滋纷扰。再从高适经历看，早年似随父旅居岭南，《饯宋八充彭中丞判官之岭南》《送柴司户充刘卿判官之岭外》二诗于南方之情状均有所描述，当有亲身体验。此一阶段高适还曾到过福建,《送郑侍御谪闽中》诗曰"闽中我旧过"可证。二十岁左右至五十岁之前,则在商丘安家。中间数次客游,后仍回宋中居住,且出仕之时亦在睢阳郡也。然高适又称"客宋中",则是不以此地为原籍,故高适之籍贯殊难断言。渤海蓨地当今河北景县。

【附录】 地方志中间有关于高适籍贯之记载,然道听途说,牵搜凑合,多不可信。今将数项易滋纷扰之材料引述于下,略作辨析。

康熙年间马士琼、吴维哲等纂修之《南皮县志》卷一"图经·古迹"曰:"高适故里在东南六十里,今名夜珠高家。"嘉庆年间潘锡恩等重修《大清一统志》采入此说,"天津府二·古迹"下亦云:"高适故里在南皮县东南六十里。"按高适生时距此已有千载之久,前此志书于此一无记叙,故而此说不但于史无征,且嫌突兀,疑出后人附会。

乾隆年间杜甲等纂修之《河间府志》卷十八"考辨"曰:"高适诗辨:旧志因唐史,以高适为渤海人,然达夫诗云'我本渔樵孟诸野,一生自是悠悠者',则达夫已久为梁园睢陵人,与蓨县远矣。"此说已为四库全书馆臣驳正。因高诗屡言客寓宋中,新、旧《唐书》亦言"客于梁宋"也。

则天后武曌圣历三年(五月改元)久视元年庚子(700年) 一岁

【时事】 九月,狄仁杰卒。

高适生年,史无明文,今将数项可资考证之材料列举如下:

篇　名	诗　句	写作年代
〔一〕奉酬北海李太守丈人夏日平阴亭	四十犹聚萤	天宝五载(746年)
〔二〕留别郑三韦九兼洛下诸公	年过四十尚躬耕	天宝八载(749年)
〔三〕赠别高三十五(李颀)	五十无产业	天宝八载(749年)

篇　名	诗　句	写作年代
〔四〕答侯少府	晚年学垂纶(指天宝 八载事)	天宝十载(751 年)

　　"四十犹聚萤"中之"四十"如为实数,则当生于唐中宗神龙二年(706 年),然与〔三〕〔四〕二说不合。"五十无产业"中之"五十"如为虚数,则与〔二〕〔四〕二说有窒碍:若云此指五十之前,则四十许人不当自称"晚年",故与〔四〕说扞格;若以五十之后言之,则与〔二〕说矛盾。若定"五十"为实数,"四十"为虚数,则诸说皆可通,其他材料亦可迎刃而解。故定高适生于圣历三年,即久视元年。

大足元年(十月改元)**长安元年辛丑**(701 年)　二岁

　　【时事】　李白生。王维生。

长安二年壬寅(702 年)　三岁

　　【时事】　陈子昂为射洪令段简囚死狱中。

长安三年癸卯(703 年)　四岁

长安四年甲辰(704 年)　五岁

唐中宗李显神龙元年乙巳(705 年)　六岁

神龙二年丙午(706 年)　七岁

神龙三年(九月改元)**景龙元年丁未**(707 年)　八岁

景龙二年戊申(708 年) 九岁

景龙三年己酉(709 年) 十岁

【时事】 颜真卿生。刘长卿生。

景龙四年(六月改元)**唐少帝李重茂唐隆元年**(七月改元)**唐睿宗李旦
景云元年庚戌**(710 年) 十一岁

【时事】 置河西节度支度营田等使,领凉、甘、肃、伊、瓜、沙、西七州,治
凉州。

景云二年辛亥(711 年) 十二岁

太极元年(五月改元)**延和元年**(八月改元)**唐玄宗李隆基先天元年壬
子**(712 年) 十三岁

【时事】 杜甫生。

先天二年(十二月改元)**开元元年癸丑**(713 年) 十四岁

开元二年甲寅(714 年) 十五岁

【时事】 置幽州节度经略镇守大使,领幽、易、平、檀、妫、燕六州。十二月,
置陇右节度大使,鄯、奉、河、渭、兰、临、武、洮、岷、廓、叠、宕十二州。岑参生。
李昂登进士第。

开元三年乙卯(715 年) 十六岁

【时事】 皇甫冉生。

开元四年丙辰（716年） 十七岁

开元五年丁巳（717年） 十八岁

【时事】 萧颖士生。贾至生。

开元六年戊午（718年） 十九岁

开元七年己未（719年） 二十岁

【时事】 置剑南节度使，领益、彭、蜀、汉、眉、绵、梓、遂、邛、剑、荣、陵、嘉、普、资、巂、黎、戎、维、茂、简、龙、雅、泸、合等二十五州。元结生。

初游长安，不遇，甚失意，但对前途仍乐观。

诗二一三集五《别韦参军》 诗曰："二十解书剑，西游长安城。举头望君门，屈指取公卿。国风冲融迈三五，朝廷欢乐弥寰宇。白璧皆言赐近臣，布衣不得干明主。归来洛阳无负郭，东过梁宋非吾土。兔苑为农岁不登，雁池垂钓心长苦。"足征高适是年正在长安。《别韦参军》诗作于开元七年之后，高适已回宋州，处境甚艰窘。《旧唐书·高适传》曰："适少濩落，不事生业，家贫，客于梁、宋，以求丐取给。"殷璠《河岳英灵集》叙高适早年"性拓落，不拘小节。……隐迹博徒，才名自远"。高适对朝廷之政治甚不满，然与韦参军"纵酒高歌杨柳春"，仍意气豪迈，一副少年心情。按"伯二五六七敦煌唐诗选残卷"录有疑是李昂所作之《睢阳送韦参军还汾上》一诗，自当作于天宝年间，题下原注"此公元昆任睢阳参军"，则韦大当即高适赠别之韦参军也。此诗不见《全唐诗》。王重民于敦煌残卷中整理出唐代逸诗数十首，撰《补全唐诗》，载《中华文史论丛》第三辑。高适逸诗数首亦在其中。

诗二一四集八《送桂阳孝廉》 诗曰："即今江海一归客，他日云霄万里人。"对前途仍抱乐观态度，反映年轻时之心情。当是初入长安时之作。

开元八年庚申（720 年）　二十一岁

【时事】　班宏生。

滞留长安。

高适于天宝九载送兵清夷途经博陵时作《酬秘书弟兼寄幕下诸公》诗，序曰："司业张侯，周旋迨兹，仅三十载。"诗曰："司业志应徐，雅度思冲融。相思三十年，忆昨犹儿童。"可知高适本年仍在长安。

诗二一三集五《行路难二首》　诗中有言"安知憔悴读书者，暮宿灵台私自怜"，说明此诗作于早年旅居长安时。兹姑系于是年。

开元九年辛酉（721 年）　二十二岁

【时事】　十二月，刘知幾卒。　李昂举"拔萃科"。

自长安回宋州。

诗二一二集三《同韩四薛三东亭玩月》　薛三即薛据，开元、天宝间诗人，与高适交往甚久。唐代各地之亭以"东"为名者甚多，高诗中之东亭，似非私人所有，诗中且有倦游思归之意，殆即杜甫《醉歌行》中所谓"春光淡沲秦东亭"乎？蔡梦弼《草堂诗笺》曰："东亭乃京城门外会别之亭。"高适与韩四、薛三于此赏玩，归思更浓。高适初入长安居住年限不可确知，今姑系于此。

【附录】　高适首次入长安，谋高位无成，每于诗中吐露怀抱，或用古乐府形式抒发不平，如诗二一三集五《秋胡行》、诗二一三集五《古歌行》、诗二一三集五《见薛大臂鹰作》，均可定为此一时期之作。然具体写作时间则无法进一步断定。又诗二一一集四《酬庞十兵曹》中有句云："忆昔游京华，自言生羽翼。……许国不成名，还家有惭色。托身从畎亩，浪迹初自得。"与《别韦参军》诗意全合。酬庞诗又曰："梁城多古意，携手共凄恻。"可定是诗乃由长安归梁地后作。然亦无法确定作于何年。

开元十年壬戌（722 年）　二十三岁

【时事】　张说建议募兵充宿卫，许之。府兵渐废。

开元十一年癸亥（723 年）　二十四岁

【时事】　崔颢登进士第。高嫔卒，年三十七。

开元十二年甲子（724 年）　二十五岁

【时事】　祖咏登进士第。

开元十三年乙丑（725 年）　二十六岁

【时事】　独孤及生。权皋生。

开元十四年丙寅（726 年）　二十七岁

【时事】　储光羲、崔国辅、綦毋潜登进士第。严武生。

开元十五年丁卯（727 年）　二十八岁

【时事】　王昌龄、常建登进士第。邓景山举"高才沉沦草泽自举科"。

开元十六年戊辰（728 年）　二十九岁

【时事】　贺兰进明登进士第。

开元十七年己巳（729 年）　三十岁

开元十八年庚午（730 年）　三十一岁

北上旅游燕赵，且于燕地从军。

高适作《酬裴员外以诗代书》，叙述毕生经历，兹录其早年部分如下："少时方浩荡,遇物犹尘埃。脱略身外事,交游天下才。单车入燕赵,独立心悠哉。宁知戎马间,忽展平生怀。且欣清论高,岂顾夕阳颓。题诗碣石馆,纵酒燕王台。北望沙漠垂,漫天雪皑皑。临边无策略,览古空徘徊。"高适早年之事迹,因史料不足,难以详列。所可知者,首次至幽燕时,曾投笔从戎。其纵游北地过军旅生活之时间虽不久,然不可能只限于年内,今将大体上可确认为首次北上时所作之诗,分散于此二三年内。裴员外即裴霸,早年军中伴侣。《酬裴员外以诗代书》作于乾元二年。

诗二一二集三《三君咏》　序曰:"开元中,适游于魏郡。"原注"三君"即魏郑公(徵)、郭代公(元振)、狄梁公(仁杰)。高适对此三人极为仰慕,其日后出处行事每仿效焉。

诗二一一集二《巨鹿赠李少府》　诗曰"纵酒凉风夕",知过巨鹿时正值秋季。

诗二一一集二《酬司空璲少府》　诗曰:"惊飙荡万木,秋气屯高原。燕赵何苍茫,鸿雁来翩翩。"亦似初次北上途中之作。地点当在巨鹿之北,时在秋季。

诗二一四集六《别冯判官》　诗曰:"碣石辽西地,渔阳蓟北天。关山唯一道,雨雪尽三边。……遥知幕府下,书记日翩翩。"对幕府尚无不满之意,当是首次北上时之作。

开元十九年辛未(731年)　三十二岁

【时事】　王维、薛据登进士第。萧昕举"博学鸿词科"。

往来东北边陲。意气尚高昂,然对军中之黑暗情况甚不满。

诗二一一集三《塞上》　诗曰:"东出卢龙塞,浩然客思孤。亭堠列万里,汉兵犹备胡。边尘涨北溟,虏骑正南驱。"是时东北边陲战事不已,气氛紧张,戒备森严。诗又曰:"战斗岂长策,和亲非远图。"盖唐朝廷屡以宗室外戚女嫁奚、契丹首领，以为羁縻之计，《唐会要》卷六"和蕃公主"部分记载甚明。而边将则侵扰不已，故边疆仍不得安宁。诗又曰："常怀感激心，愿效纵横谟。倚剑欲谁语，关河空郁纡。"此时高适似已从军，颇欲有所作为，然人微言轻，故郁郁不平，只能追念汉代李广之史迹以寄慨。

诗二一二集四《同群公出猎海上》 诗曰："偶与群公游，旷然出平芜。"此当是高适出卢龙塞后，与当地官吏东向出猎，因作是诗。诗又曰："层阴涨溟海，杀气穷幽都。"虽咏畋猎，然亦寓有当时战争气氛在内。诗又曰："犹怀老氏训，感叹此欢娱。"李唐王室推尊道家，士人往往受其影响，高适之思想不能说与之绝无关系。

诗二一四集八《营州歌》 此诗亦当作于从军时。诗中之情调反映出高适早期之气概。营州在今辽宁锦州市西。

开元二十年壬申(732年) 三十三岁

【时事】 正月，以信安王李祎为河东、河北两道行军副大总管知节度事，击奚、契丹。三月，大破之。以幽州节度使兼河北采访处置使，增领卫、相、洺、贝、冀、魏、深、赵、恒、定、邢、德、博、棣、营、郑十六州及安东都护府。

献诗李祎幕下诸人，求援引，无结果。

诗二一四集七《信安王幕府诗》 序曰："开元二十年，国家有事林胡，诏礼部尚书信安王总戎大举。"诗曰："曳裾诚已矣，投笔尚凄然。""直道常兼济，微才独弃捐。""云霄不可望，空欲仰神仙。"自言从军之后，仍不得意，欲求李祎幕下诸人援手。按《新唐书·玄宗纪》："〔开元〕二十年正月乙卯，信安郡王祎为河东、河北道行军副元帅，以伐奚、契丹。""三月己巳，信安郡王祎及奚、契丹战于蓟州，败之。"高诗曰："《落梅》横吹后，春色凯歌前。"即咏此事。说明此诗作于二十年春或稍后。

诗二一一集二《塞下曲》　诗曰:"且凭王子怒,复倚将军雄。"李祎为太宗曾孙,故称王子,世系见新、旧《唐书·太宗诸子传》。诗又曰:"大笑向文士,一经何足穷?古人昧此道,往往成老翁。"尚是少年意气风发之神气。此诗亦当作于从军之时。

对边疆士卒甚关怀同情。

诗二一一集四《蓟门行五首》　其二曰:"汉家能用武,开拓穷异域。戍卒厌糟糠,降胡饱衣食。"所言之事,乃开元二十年时之实情。《旧唐书·奚传》:"二十年,信安王祎奉诏讨叛奚。奚酋长李诗琐高等以其部落五千帐来降。诏封李诗为归义王兼特进、左羽林军大将军同正,仍充归义州都督,赐物十万段。移其部落于幽州界安置。"《旧唐书·裴耀卿传》:"二十年,礼部尚书、信安王祎受诏讨契丹,诏以耀卿为副。俄又令耀卿赍绢二十万匹分赐立功奚官,就部落以给之。"所谓"降胡饱衣食"事当指此。前此任幽州长史者为赵含章,不恤士卒,贪赃巨万,亦于是年得罪,杖于朝堂,坐贬道死,见《资治通鉴》。"戍卒厌糟糠"乃东北边兵横遭压榨之生活实况。其三曰:"边城十一月,雨雪乱霏霏。元戎号令严,人马亦轻肥。羌胡无尽日,征战几时归?"盖唐与奚、契丹战事不已,高适对长年累月处于战争环境中之士卒深表同情。其四曰:"幽州多骑射,结发重横行。一朝事将军,出入有声名。纷纷猎秋草,相向角弓鸣。"虽泛咏北方健儿,实亦自道。凡此均可作为高适从军生活之佐证。蓟门在今北京近郊。蒋一葵《长安客话》卷一曰:"今都城德胜门外有土城关,相传是古蓟门遗址,亦曰蓟丘。"

开元二十一年癸酉(733 年)　三十四岁

【时事】　分全国为十五道,各置采访使,以六条察事。两畿以御史中丞领之,馀择刺史领之。玄宗自注《道德经》,令学者习之。　刘眘虚、刘长卿登进士第。

脱离军队，寓蓟门，访王之涣等老友。转思赴长安谋出路。

诗二一一集二《酬李少府》 诗曰："一登蓟丘上，四顾何惨烈。来雁无尽时，边风正骚屑。将从崖谷遁，且与沉浮绝。君若登青云，吾当投魏阙。"高适作此诗时似已脱离军中生活，转而欲至京中谋出路。作诗时间为秋天，地点在蓟丘，亦即蓟门。

诗二一一集四《蓟门不遇王之涣郭密之因以留赠》 王之涣，太原人，《唐才子传》卷三曰："少有侠气，所从游皆五陵少年，击剑悲歌，从禽纵酒。后折节工文，十年名誉日振，耻困场屋，遂交谒名公。为诗情致雅畅，得齐梁之风。每有作，乐工辄取以被声律。"郭密之亦开元、天宝间诗人。赞宁《宋高僧传》卷十七《唐越州焦山大历寺神邕传》："天宝中，本邑郭密之请居法乐寺西坊。"阮元《两浙金石志》卷二载〔诸暨县令〕郭密之诗刻二种，其一勒于天宝八载冬仲月。李遇孙《括苍金石志》卷二录诗字句完整，且附诸家考证，可参看。高诗曰："迢递千里游，羁离十年别。"则是高与王、郭结识甚早。诗又曰："逢时事多谬，失路心弥折。"言此行甚失望。按岑仲勉《续贞石证史》载宣义郎行河南府永宁县尉□河靳能撰《唐故文安郡文安县尉太原王府君墓志铭并序》（载《历史语言研究所集刊》第十五本），记王之涣卒于天宝元年二月十四日，年五十五，则是高适此诗只能作于首次北上时。

诗二一四集六《自蓟北归》 诗曰："五将已深入，前军止半回。"乃咏时事。《旧唐书·北狄·契丹传》叙开元二十一年，"可突于又来抄掠。幽州长史薛楚玉遣副将郭英杰、吴克勤、邬知义、罗守忠率精骑万人，并领降奚之众追击之。军至渝关都山之下，可突于领突厥兵以拒官军。奚众遂持两端，散走保险，官军大败，知义、守忠率麾下遁归，英杰、克勤没于阵，其下六千余人，尽为贼所杀"。此从佘正松说，载《辨高适自蓟北归宋中及再到蓟北的年代》，载《文史》第十九辑。诗又曰："谁怜不得意，长剑独归来。"寂寞失意溢于言表。

开元二十二年甲戌（734 年）　三十五岁

【时事】　五月，以裴耀卿为侍中，张九龄为中书令，李林甫为礼部尚书、同中书门下平章事。十二月，幽州节度使张守珪大破契丹，斩其王屈烈及大臣可突于，馀众皆降。　颜真卿、梁洽登进士第。王昌龄、刘眘虚举"博学鸿词科"。

南返宋州，一路漫游，访地方官吏韦济、薛据等人。

诗二一四集七《同朱五题卢使君义井》　卢使君疑即卢晖。卢晖为玄宗时能吏，以兴建著称。《易州铁像颂》（《金石萃编》卷八十三）末附卢氏所建之重要工程，内有造水碾等多项。义井或为同时所建之一项。碑文有云"置县三五回、楼亭、板城"，《旧唐书·地理志二》于五回县下注："开元二十三年，刺史卢晖奏分易县置城于五回山下，因名之。"高适正值其时过易州。

诗二一四集七《真定即事奉赠韦使君二十八韵》　真定为恒州州治所在。韦使君即韦济，附新、旧《唐书·韦思谦传》，然诸书均不载其任恒州刺史事。《旧唐书·张果传》载："开元二十一年，恒州刺史韦济以状奏闻。"陈思《宝刻丛编》卷六引《诸道石刻录》："《唐白鹿泉神君祠碑》，唐韦济撰，裴抗分书，开元二十四年三月立，在获鹿。"文见陆心源《唐文拾遗》卷十八。是时韦济正在恒州刺史任上。高诗曰："沦落而谁遇，栖遑有是夫。不才羞拥肿，干禄谢侏儒。契阔惭行迈，羁离忆友于。田园同季子，储蓄异陶朱。方欲呈高义，吹嘘揖大巫。"既无产业，又无官职，处境甚落魄。北上求出路，虽得地方官吏招待，然无甚结果。

诗二一三集五《邯郸少年行》　此诗后半纯系发感慨，怀念平原君，似非凭空抒写之作。《河岳英灵集》评高适曰："余所最深爱者，'未知肝胆向谁是，令人却忆平原君'。"说明此诗一出，颇为时人所激赏。高适后于开元二十九年作《淇上酬薛三据兼寄郭少府微》诗，叙述早年经历甚明，今节引前半，并略作诠释。诗曰："自从别京华，我心乃萧索。十年守章句，万事空寥落。"盖高适于开元九年自长安回宋中，下距开元十九年北游幽燕，中间恰为十年。在此十年内，高适之生活甚艰苦，但勤学弗辍。诗又曰："北上登蓟门，茫茫见沙漠。倚剑对风尘，慨然思卫霍。"则是追叙开元十九年至上年之北征史，兼叙从军时之心情。诗又曰："拂衣去燕赵，驱马怅不乐。天长沧州路，日暮邯郸郭。酒肆或淹留，渔潭屡栖泊。独行备艰险，所见穷善恶。永愿拯刍荛，孰云干鼎镬？"叙述归程及沿途之情况。高适有减轻人民痛苦之愿望，此次旅行对民情政局亦已加深了解，凡此种种，可与其他诗文记载相印证。

诗二一四集六《别韦五》 诗曰："相识仍远别，欲归翻旅游。"与高适此时之情况相合。诗又曰："夏云满郊甸，明月照河洲。莫恨征途远，东看漳水流。"地点在漳水边，时为夏季。

诗二一二集四《酬别薛三蔡大留简韩十四主簿》 诗曰："迢递辞京华，辛勤异乡县。登高俯沧海，回首泪如霰。"盖高适曾登碣石等地，追忆京华昔游，怀念薛据等人，故有是言。诗又曰："同人久离别，失路还相见。"则是从蓟北归来，路经涉县，始有机会与薛据等人见面也。刘长卿《送薛据宰涉县》诗曰："县前漳水绿，郭外晋山翠。"所言地理可与此互证。高诗又曰："复值凉风时，苍茫夏云变。"时在夏秋之交，时令亦合。按崔国辅有《送韩十四被鲁王推递往济南府》诗，《旧唐书·高祖二十二子传》载神龙初封鲁王灵夔次子蔼之子道坚为嗣鲁王："开元二十二年，兼检校魏州刺史，未行，改汴州刺史、河南道采访使。"李推递韩，当在此时。高、崔赠诗对象当是同一人。

高适作《宋中遇林虑杨十七山人因而有别》诗，内言："昔余涉漳水，驱车行邺西。遥见林虑山，苍苍夏天倪。邂逅逢尔曹，说君彼岩栖。萝径垂野蔓，石房倚云梯。秋韭何青青，药苗数百畦。"时为秋季，或是离涉县南下后之作。按《文苑英华》卷七十七载林虑山人《钟期听伯牙鼓琴赋》，当即此人。

诗二一四集六《送蔡十二之海上时在卫中》 诗曰："尚有南飞雁，

知君不忍看。"时为秋季。

冬，回宋州。哭梁洽。

诗二一二集一《哭单父梁九少府》　此诗《文苑英华》卷三百〇三作《哭单父梁洽少府》。梁亦当时文士，今尚存诗文若干篇。留元刚《颜鲁公年谱》言颜真卿于开元二十二年登进士第，试《梓材赋》《武库诗》，梁洽《梓材赋》载《文苑英华》卷六十九，徐松《登科记考》据此断定梁亦同年进士。唐代进士及第后一般均先任县尉之类下层官吏，故知梁洽或于年内至单父任职。高诗曰："青云将可致，白日忽先尽。"则是拜官不久即去世也。高诗又曰："契阔多别离，绸缪到生死。"本年前后，高适奔波外地，殊少在宋中落脚。今年秋末自北地归来，明年春初又赴长安；且旗亭画壁时，梨园已传唱此诗，故知梁洽之死，只能在是年之冬。又岑仲勉《唐人行第录》疑单父尉梁洽与《太平广记》卷二百一十四引《名画记》中之处士梁洽为同一人，误。《名画记》即张彦远《历代名画记》，朱景玄《唐朝名画录》列梁洽之作于"能品下"，上二书所举者均为画家处士梁洽。段成式《酉阳杂俎》续集卷五《寺塔记》上："〔大兴善寺〕行香院堂后壁上，元和中画人梁洽画双松，稍脱俗格。"知画家梁洽与单父尉梁洽时代相距甚远。按高适此诗首四句词意绝佳，梨园伶官传唱高诗时即以此为限，钟惺、谭元春《唐诗归》与沈德潜《唐诗别裁》等选本皆截取此诗首四句作"五言绝句"，后人几不知原诗为五古矣。

开元二十三年乙亥（735 年）　三十六岁

【时事】 李颀、萧颖士、李华登进士第。崔圆、季广琛举"智谋将帅科"。

征诣长安，应制科试。无成。

高适于天宝九载送兵清夷途经博陵时作《酬秘书弟兼寄幕下诸公》诗，序曰："乙亥岁，适征诣长安。"李颀《答高三十五留别便呈于十一》曰"累荐贤良皆不就",则是高适曾数度被荐应贡举。《河岳英灵集》言适"耻预常科",当是不愿应进士、明经试之谓。然则高适本年入京,或应制科试。《册府元龟》卷六百四十五"贡举部":"〔开元〕二十三年正月诏:其或才有王霸之略,学究天人之际,智勇堪将帅之选,政能当牧宰之举者,五品以下清官及军将、都督、刺史各举一人;孝悌力田乡间推挽者,本州刺史长官各以名闻。是年举王霸科刘璀、〔杜〕绾及第;智谋将帅科张重光、崔圆、季广琛及第。"是年举"牧宰科"者有张秀明,见乐史《广卓异记》卷十九引《登科记》。高适应何科试不详,然无结果,当以落第之故。是年主试者为孙逖,见《旧唐书·韦述传》与王谠《唐语林》卷八。又杜甫亦于是年应进士试下第。

诗二一三集五《题李别驾壁》 祖咏有《酬汴州李别驾赠》诗,内有"自洛非才子,游梁得主人,文章参末议,荣贱岂同伦"之句。高诗首云:"去乡不远逢知己,握手相欢得如此。礼乐遥传鲁伯禽,宾客争过魏公子。"所颂者或同一人。高适此诗当作于赴京路经大梁时。诗云"枥马长鸣春风起",知过大梁时为春日。本年诏令于正月下达。唐代考试一般均于春季举行。

诗二一四集六《送刘评事充朔方判官赋得征马嘶》 诗有"歧路风将远""赠君从此去"等语,写作地点似非梁宋,疑是寓长安时之作。岑参有《函谷关歌送刘评事使关西》诗,所送者或同一人。按高适入京前后数次,首次入京时,岑年岁尚轻,送客赋诗之可能性不大;第三次入京时,甚匆促;第四次入京时,岑有时在长安,有时在安西,势不能于函谷关作歌;只有在第二次入京时,岑参有可能在函谷关附近活动。今姑系高诗于此,俟后详考。

开元二十四年丙子(736 年) 三十七岁

【时事】 三月,旧制以考功员外郎掌试贡举人,议者以其位卑,不能服众,始以礼部侍郎掌之。十一月，裴耀卿、张九龄罢相，以李林甫兼中书令，牛仙客同中书门下平章事。 张巡登进士第。颜真卿举"拔萃科"。韦应物生。

在京结交当时名流，与张旭、颜真卿等人游。

"伯三八六二敦煌高适诗集残卷"《奉寄平原颜太守》诗，序曰："初，颜公任兰台郎，与余有周旋之分，而于词赋特为深知。"殷亮《颜鲁公行状》曰："开元二十二年，进士及第，登甲科。二十四年，吏部擢判入高等，授朝散郎、秘书省著作局校书郎。"知高、颜于是年在长安订交。《奉寄平原颜太守》诗作于天宝十四载。

诗二一四集六《醉后赠张九旭》 张旭虽以书法享盛名，然事迹不详。所可知者，开元后期与天宝前期在长安。僧适之《金壶记》叙张旭与贺知章、颜真卿等交往事，与杜甫《饮中八仙歌》记载正合。其时李颀、高适亦在长安。李颀《赠张旭》诗曰："微禄心不屑，放神于八纮。"窦臮《述书赋》"张长史"窦蒙注："张旭，吴郡人，左率府长史。"高适诗曰："兴来书自圣，醉后语犹颠。"《唐国史补》卷上曰："旭饮酒辄草书，挥笔而大叫，以头揾水墨中而书之，天下呼为张颠。"与此正合。李、高二诗内容相同，均咏张旭开元后期居官时事。

诗二一二集二《宴韦司户山亭院》 王维有《洛阳郑少府与两省遗补宴韦司户南亭序》，内称"灞陵南望，曲江左转，登一级而鄠、杜如近，尽三休而天地始大"。知韦司户亭在长安。高诗内有"入门见中峰"之句，知"山亭院"中之"亭"即"南亭"也。此时王维官位尚低，是知高适与韦司户结交，亦当在开元时。今系于是年。

开元二十五年丁丑（737年） 三十八岁

【时事】 四月，贬张九龄为荆州长史。

与王之涣、王昌龄于旗亭宴游。梨园伶官已传唱高诗。

薛用弱《集异记》"王之涣"："开元中诗人，王昌龄、高适、王之涣齐名。时风尘未偶，而游处略同。一日，天寒微雪。三诗人共诣旗亭，贳酒小饮。忽有梨园伶官十数人，登楼会宴。三诗人因避席隈映，拥炉火以观焉。俄有妙妓四辈，寻续而至，奢华艳曳，都冶颇极。旋则奏乐，皆当时之名部也。昌龄等私相约曰：'我辈各擅诗名，每不自定其甲乙，今者可以密观诸伶所讴，若诗入歌词之多者，则为优矣。'俄而一伶拊节而唱曰：'寒雨连江夜入吴，平明送客楚山孤。洛阳亲友如相问，一片冰心在玉壶。'昌龄则引手画壁曰：'一绝句。'寻又一伶讴之曰：'开箧泪沾臆，见君前日书。夜台何寂寞，犹是子云居。'适则引手画壁曰：'一绝句。'寻又一伶讴曰：'奉帚平明金殿开，强将团扇共徘徊。玉颜不及寒鸦色，犹带昭阳日影来。'昌龄则又引手画壁曰：'二绝句。'之涣自以得名已久，因谓诸人曰：'此辈皆潦倒乐官，所唱皆"巴人""下里"之词耳，岂"阳春""白雪"之曲俗物敢近哉？'因指诸妓中之最佳者曰：'待此子所唱，如非我诗，吾即终身不敢与子争衡矣。脱是吾诗，子等当须拜床下，奉吾为师。'因欢笑而俟之。须臾次至双鬟发声，则曰：'黄河远上白云间，一片孤城万仞山。羌笛何须怨杨柳，春风不度玉门关。'之涣即撋歙二子曰：'田舍奴，我岂妄哉！'因大谐笑。诸伶不喻其故，皆起诣曰：'不知诸郎君何此欢噱？'昌龄等因话其事。诸伶竞拜曰：'俗眼不识神仙，乞降清重，俯就筵席。'三子从之，饮醉竟日。"此事盛称于后代，其真实性如何，前人有致疑者。胡应麟《少室山房笔丛》卷四十一《庄岳委谈》举三事以难之，其一、二据高适"五十始为诗"以立说，谓高适此时当已老，王昌龄已遇害，不当同酣燕狭斜；其三据白居易《郑胪墓志》中第言昌龄、之涣更唱迭和，绝不及高，高集中亦无与之涣诗，故断旗亭画壁事为"诬妄"。实则胡氏持论粗疏：高适五十之前已有诗名，兹不赘述，集中现存《蓟门不遇王之涣郭密之因以留赠》《和王七玉门关听吹笛》二诗，适足以断胡氏之诬妄。《唐才子传》"王之涣"传亦载旗亭画壁之事而又增畅当一人。此事或盛播于唐时，传闻不一，故记载有异，但当有所根据。据谭优学《王昌龄行年考》（载《文学遗产增刊》第十二辑）考证，开元二十四五年时三人均有可能在长安，其时王昌龄任校书郎，王之涣、高适均无职，故有"风尘未偶"之说。兹系《集异记》中所记之事于是年。《唐才子传》之记载则显然有误。畅当年辈较后，不相及。

诗二一四集八《和王七玉门关听吹笛》 此诗《高常侍集》作《塞上听吹笛》，《河岳英灵集》作《塞上闻笛》，《国秀集》作《和王七度玉门关上吹笛》。二选本字句相近，本集字句则多不同。此诗或经梨园传播，故字句有变异。《国秀集》中尚选录王之涣《凉州词》，二诗均用平声删韵，且以"间""山"诸字押韵，参之诗题，可证高适此诗确为和作。自当作于旗亭画壁前后不久。

诗二一四集六《独孤判官部送兵》 《旧唐书·封常清传》记开元末安西四镇节度使夫蒙灵詧幕下有判官独孤峻，或即此人。高诗曰："饯君嗟远别，为客念周旋。"则是高亦他乡作客，而相逢之地点，似以长安之可能性为大。诗又曰："出关逢汉壁，登陇望胡天。亦是封侯地，期君早着鞭。"则似作于独孤初去安西之时。李白有《送程刘二侍郎兼独孤判官赴安西幕府》诗，赠诗对象或是同一人。独孤峻之世系历官，详见岑仲勉《元和姓纂四校记》卷十。

开元二十六年戊寅（738 年） 三十九岁

【时事】 六月，立忠王李玙（后改名亨）为太子。 崔曙登进士第。

写作名篇《燕歌行》。

诗二一三集五《燕歌行》 序曰："开元二十六年，客有从御史大夫张公出塞而还者，作《燕歌行》以示适。感征戍之事，因而和焉。"张公即张守珪，开元二十三年因功拜辅国大将军、右羽林大将军兼御史大夫。《旧唐书·张守珪传》："二十六年，守珪裨将赵堪、白真陀罗等假以守珪之命,逼平卢军使乌知义令率骑邀叛奚余烬于潢水之北,将践其禾稼。知义初犹固辞,真陀罗又诈称诏命以迫之,知义不得已而行。及逢贼,初胜后败,守珪隐其败状而妄奏克获之功。事颇泄,上令谒者牛仙童往按之。守珪厚赂仙童,遂附会其事,但归罪于白真陀罗,逼令自缢而死。二十七年,仙童事露伏法,守珪以旧功减罪,左迁括州刺史。到官无几,疽发背而卒。"陈沆《诗比兴笺》曰:此诗"或刺其末年富贵骄逸不恤士卒之词"。高适前曾旅游北地,且有从军经历,故有丰富之生活为基础,对军中之黑暗士卒之艰危,深有体会,写来自然深切感人。《河岳英灵集》评此诗曰:"适诗多胸臆语,兼有气骨,故朝野通赏其文。至如《燕歌行》等篇,甚有奇句。"可见此诗一出即为时人所重。高适作此诗时当仍在长安。

秋,离长安回梁宋。曾暂驻洛阳。

诗二一四集七《同熊少府题卢主簿茅斋卢兼有人伦》 李颀有《望鸣皋山白云寄洛阳卢主簿》《送卢逸人》诗,所咏者殆同一人。开元二十三年前后李颀正在东都附近漫游,前诗有句云"饮马伊水中"可证。后诗有句曰:"洛阳为此别,携手更何时?"则是此人已弃官归隐矣。高诗有云:"虚院野情在,茅斋秋兴存。"明言此时茅斋主人已离洛阳他去。诗又曰:"江山归谢客,神鬼下刘根。"据《后汉书·方术传》,刘根隐居嵩山中,则是卢主簿后归隐嵩山,故李颀称为"逸人"也。按刘禹锡《唐故尚书主客员外郎卢公集纪》叙卢象世系曰:"公远祖元魏、北齐、后周皆为帝师。公之叔父嵩山逸人谏议大夫颢然,真隐者也。"似与高诗中"才子出高门"之卢某行事有相合处。然此处所言之卢颢然是否即《新唐书·隐逸传》中之卢鸿(《旧唐书·隐逸传》作卢鸿一),则难断言,因新、旧《唐书》叙卢鸿事有歧异,与卢象之家世又多不合故也。

诗二一一集三《送崔录事赴宣城》 诗曰:"欲行宣城印,住饮洛阳杯。"知在洛阳饯别。诗又曰:"羡尔兼乘兴,芜湖千里开。"似是布衣语气,未跻高位。

【附录】 康熙年间刘德昌等纂修之《商丘县志》卷十八"艺文"载高适《送薛据之宋州》诗曰:"无媒嗟失路,有道亦乘流。客处不堪别,异乡应共愁。我生早孤贱,沦落居此州。风土至今忆,山河皆昔游。一从文章士,两京春复秋。君去问相识,几人今白头?"似与高适生平契合。然此诗乃崔曙之作,见《河岳英灵集》卷下、《唐诗纪事》卷二十一,传世《崔曙集》各本均载。

开元二十七年己卯(739 年) 四十岁

【时事】 六月,贬张守珪为括州刺史。八月,追谥孔子为文宣王。

寂寞寡欢。

诗二一四集六《别孙诉》 《四库全书》本题下原注:"时俱客宋中。"诗曰:"帝乡那可忘,旅馆日堪愁。谁念无知己,年年睢水流。"当属高适早期之作,兹系于是年。按《全唐诗》录孙欣诗一首,传云"开、宝间人"。"诉""欣"同字,或是同一人。

与房琯交往。

诗二一二集三《同房侍御山园新亭与邢判官同游》 房侍御当即房琯。诗曰:"因睹歌颂作,始知经济心。灌坛有遗风,单父多鸣琴。谁为久州县,苍生怀德音。"与琯行事契合。《旧唐书·房琯传》:"〔开元〕二十二年,拜监察御史。其年坐鞫狱不当,贬睦州司户。历慈溪、宋城、济源县令,所在为政,多兴利除害,缮理廨宇,颇著能名。天宝元年,拜主客员外郎。"本年房琯当在宋城任上,故高适叹其久历州县而以本州古事称颂之。

送别高式颜。

诗二一一集一《宋中送族侄式颜时张大夫贬括州使人召式颜遂有此

作》张守珪谎报军情，为朝廷察觉，乃于二十七年六月贬为括州刺史。高诗曰："旅雁悲啾啾，朝昏孰云已。……劝尔惟一言，家声勿沦滓。"说明送别高式颜时已至秋季。杜甫与高式颜亦有交往，晚年有《赠高式颜》诗，内云："自失论文友，空知卖酒垆。平生飞动意，见尔不能无。"则是遇式颜而缅怀高适，追忆天宝三载梁宋之游。《遣怀》诗叙宋中之游曰："忆与高（适）李（白）辈，论交入酒垆。两公壮藻思，得我色敷腴。"足见三人诗酒清狂，意气豪迈，论文叙笔，兴会淋漓。此一文坛盛事，自足流连也。

诗二一一集一《又送族侄式颜》诗曰："俱游帝城下，忽在梁园里。我今行山东，离忧不能已。"推详诗意，高适于二十三年入都之后，似留住至前不久始回宋中。高式颜情况相同。此时高式颜将赴东南，高适亦决意赴山东旅游矣。

秋后至汶上，与杜甫订交。

诗二一二集三《东平路作三首》其一曰："南图适不就，东走岂吾心。索索凉风动，行行秋水深。"原定计划先向南走，因事未成，不得已改向东行。其二曰："扁舟向何处，吾爱汶阳中。"说明此行将赴汶阳等地。杜甫晚年作《奉寄高常侍》诗曰"汶上相逢年颇多"，明指初交之时地。考杜甫于本年之内于齐鲁漫游，高适亦明言至山东，赴汶阳，故知二人初交当在是岁。惜无更多材料记叙二人初见面之情况。

开元二十八年庚辰（740年）四十一岁

【时事】 张九龄卒，年六十三。孟浩然卒，年五十二。

旅游相州。

诗二一二集三《题尉迟将军新庙》尉迟将军即尉迟迥，见《周书》卷二十一、《北史》卷六十二。高诗曰："周室既板荡，贼臣立婴儿。将军独激昂，誓欲酬恩私。孤城日无援，高节终可悲。家国共沦亡，精魂空在斯。"所言与史书合。诗又曰:"良牧怀深仁,与君建明祠。父子但血食,轩车每逶迤。"则指张嘉祐建庙事。《四库全书》本题下原注:"〔庙〕即太守张公所建也。"《旧唐书·张嘉祐传》:"〔开元〕二十五年,为相州刺史。相州自开元已来,刺史死贬者十数人,嘉祐访知尉迟迥周末为相州总管,身死国难,乃立其神祠以邀福。"欧阳棐《集古录目》卷三《唐立周尉迟迥庙碑》:"前华州郑县尉阎伯玙撰叙,秘书省校书郎颜真卿撰铭,蔡有邻隶书。迥字居罗,代人,为相州总管,赠太师。周末,隋文帝秉政,迥举兵不克而死。唐武德中,改葬,复其封爵。开元二十六年,相州刺史张嘉祐为之立庙建碑,以是年正月立。"高适于尉迟迥庙建成二年之后即来游,故称"新庙"。

诗二一一集三《铜雀妓》 诗曰:"日暮铜雀迥,秋深玉座清。"游铜雀台时已至秋季。按此诗作者有二说。《文苑英华》卷二百〇四录此诗,署名高适;《乐府诗集》卷三十一录此诗,署名王适。其后《全唐诗》分别载入卷二百十一《高适诗集》与卷九十四《王适诗集》中。王适为武后时诗人,新、旧《唐书》附《刘宪传》,年代早于高适。此诗风格婉丽,不类高达夫体,颇疑诗本王作,后代羼入高集。兹姑系于此。

开元二十九年辛巳(741年) 四十二岁

【时事】 正月,两京诸州各置玄元皇帝庙,并崇玄学;以《老》《庄》《文》《列》为"四子",令习业成者准明经考试,谓之道举。八月,以幽州节度副使安禄山为营州都督充两蕃、勃海、黑水四府经略使。九月,玄宗亲注《金刚经》并修《义诀》。柳芳登进士第。

寓居淇上。

诗二一一集四《淇上酬薛三据兼寄郭少府微》 《唐诗纪事》卷二十五引高适此诗,题作《淇上寄据》。封演《封氏闻见记》卷三"诠曹"曰:"开元中,河东薛据自恃才名,于吏部参选,请授万年县录事。吏曹不敢注,以咨执政,将许之矣;诸流外共见宰相诉云:'酝署丞等三官皆流外之职,已被士人夺却,惟有赤县录事是某等清要,今又被进士欲夺,则某等一色之人无措手足矣。'于是遂罢。"《唐摭言》卷十二、《唐诗纪事》卷二十五记载均同,《唐才子传》列其事于天宝六载又中"风雅古调科"后,似不合。刘长卿《送薛据宰涉县》诗,原注:"自永乐主簿陟状,寻复选授此官。"高适诗中有云:"飘飘劳州县,迢递限言谴。"即指薛据游宦数地而言。综合前开元二十二年之诗观之,薛据此时似仍在燕赵之地。高诗又云:"淇水徒自流,浮云不堪托。吾谋适可用,天路岂寥廓。不然买山田,一身与耕凿。且欲同鹪鹩,焉能志鸿鹄?"其后高适即在淇上居住一段时间。郭微亦当时诗人,祖咏有《家园夜坐寄郭微》诗,刘眘虚有《送韩平兼寄郭微》诗。

诗二一四集六《淇上别业》 诗曰:"依依西山下,别业桑林边。庭鸭喜多雨,邻鸡知暮天。野人种秋菜,古老开原田。且向世情远,吾今聊自然。"此时高适已在乡间定居。作此诗时,似已居住多时矣。

诗二一一集三《淇上别刘少府子英》 诗曰:"近来住淇上,萧条惟空林。又非耕种时,闲散多自任。"高适于农忙时似参加过一些劳动。诗又曰:"南登黎阳渡,莽苍寒云阴。"知淇上别业当在滑州西北不远之地。刘长卿有《硃石遇雨宴前主簿从兄子英宅》诗,姚汝能《安禄山事迹》卷下记玄宗恨从安禄山之朝士,三司谳刑奏曰:"刘子英罪当大辟。"《旧唐书·刑法志》记收西京后,陷贼官刘子英等"二十一人于京兆府门决重杖死"。或即此人。

诗二一四集六《送魏八》 诗曰:"更沽淇上酒,还泛驿前舟。""云山行处合,风雨兴中秋。"时在秋季。

诗二一四集六《淇上送韦司仓往滑台》 诗曰:"孰知非远别,终念对穷秋。"点明作诗时间。诗又曰:"滑台门外见,淇水眼前流。"亦可说明淇上别业距滑州不远。

诗二一四集六《酬卫八雪中见寄》 诗曰"季冬忆淇上",点明时地。卫八名不详。杜甫有《赠卫八处士》诗,不知是否同一人?

诗二一四集六《同卫八题陆少府书斋》 卫八与陆少府均为高适寓居淇上时结交之友。诗曰:"知君薄州县,好静无冬春。"则是陆亦隐退之士。诗又曰:"深房腊酒熟,高院梅花新。"时已至季冬。

天宝元年壬午(742年) 四十三岁

【时事】 正月,以安禄山为平卢节度使。是时有十节度以备边,安西抚宁西域,治龟兹;北庭防制突骑施、坚昆,治北庭都护府;河西断隔吐蕃、突厥,治凉州;朔方捍御突厥,治灵州;河东与朔方犄角,治太原;范阳临制奚、契丹,治幽州;平卢镇抚室韦、靺鞨,治营州;陇右备御吐蕃,治鄯州;剑南抗吐蕃、抚獠人,治益州;岭南五府经略绥静夷、獠,治广州;凡镇兵四十九万,马八万。二月,帝于尊号加"天宝"。改侍中为左相,中书令为右相。称东都、北都皆为京,州为郡,刺史为太守。七月,牛仙客卒。八月,李适之为左相。 吕𬤇登进士第。颜真卿举"文词秀逸科"。王之涣卒,年五十五。

诗二一四集八《田家春望》 查高适生平,唯有在淇上一段时间曾寓居农村,故系此诗于此。

秋,离淇上,至滑台,且于该地过冬。

诗二一一集二《酬陆少府》 诗曰:"朝临淇水岸,还望卫人邑。别意在山阿,征途背原隰。"又:"霜天雁飞急,固应不远别。"此时高适已离淇上去滑州。二地距离不远,故有后二语。陆少府当即高与卫八于其书斋赋诗饮酒之人。

诗二一二集二《自淇涉黄河途中作十三首》 《高常侍集》缺第十三"皤皤河滨叟"一首,诗题亦云"作十二首"。《文苑英华》卷二百九十二《自淇涉黄河五首》中有此诗,知非赝作。考本组诗非一时写就,或系后人编集。其九曰:"朝从北岸来,泊船南河浒。"明言此行行程由北至南。其四曰："南登滑台上，却望河淇间。"点明此行方向为离河淇赴滑台。其九曰："试共野人言，深觉农夫苦。去秋虽薄熟，今夏犹未雨。耕耘日勤劳，租税兼鬲卤。园蔬空寥落，产业不足数。"知此夏天旱，农夫甚苦。高适对农民之困苦甚表同情，对官府之剥削有不满。其六曰："秋日登滑台，台高秋已暮。"知登滑台时已至秋末矣。按诗之十一自"孟夏桑叶肥"以下，《文苑英华》卷二百九十二另作一首，当是启程前之作。

诗二一三集五《渔父歌》 此诗一无材料可定其年代，然内容与上诗之三、十三相似，有可能为一时之作，姑系于此。

诗二一二集四《同群公题郑少府田家此公昔任白马尉今寄住滑台》诗曰："昔为南昌尉，今作东郡客。"汉之东郡即唐代滑州，天宝后改名灵昌郡，在今河南滑县东。诗又曰："秋林既清旷，穷巷空淅沥。"时为秋季。

天宝二年癸未(743 年) 四十四岁

【时事】 李华举"博学鸿词科"。

春，尚在滑台。

诗二一四集八《夜别韦司士得城字》 诗曰："只言啼鸟堪求侣，无那春风欲送行。黄河曲里沙为岸，白马津边柳向城。"白马津即黎阳渡，在滑台之北，高适于此送友，作是诗。

回睢阳后，与地方官吏名流李邕、李少康等人屡有文字往还。

文三五七集一《奉和李泰和〈鹘赋〉》 李邕，字泰和。《新唐书·李邕传》："开元二十三年，起为括州刺史……后历淄、滑二州刺史。"唐代刺史以三年为一任，开元、天宝之间，李邕正在滑州刺史任上。《辞上滑州刺史陈情表》自当作于二十九年初，文内自云"臣今兹六十有七"，此时下距天宝六载春被杖死，尚有七年，则是李邕享年七十有三，与李昂撰文之李邕墓志（见《千唐志斋藏石》）所言正合。《新唐书》言死"时年七十"，微误。又天宝元年改滑州为灵昌郡，故《国秀集》记李邕之头衔为灵昌太守。高适过滑台时，李邕正在灵昌太守任上。二人结交甚欢，故高文《序》曰："天宝初，有自滑台奉太守李公《鹘赋》以垂示。适越在草野，才无能为，尚怀知音，遂作《鹘赋》。"其时高适当已回睢阳，故李邕遣人送文章来。按李邕为当时大名士，《旧唐书·李邕传》："邕素负美名，频被贬斥，皆以邕能文养士，贾生、信陵之流。执事忌胜，剥落在外。人间素有声称，后进不识，京、洛阡陌聚观；以为古人，或将眉目有异。衣冠望风，寻访门巷。"高适与之结交，当对日后发展有很大影响。李邕《鹘赋》尚存，载《文苑英华》卷一百三十六。

诗二一二集三《宋中遇林虑杨十七山人因而有别》 诗曰："昔余涉漳水，驱车行邺西。"所言乃开元二十二年事，至此又已十年，故称"昔"事。诗又曰："朔风忽振荡，昨夜寒螀啼。"高、杨于宋中见面时，已在秋、冬之交。

诗二一四集七《奉酬睢阳李太守》 李太守即李少康。独孤及《毗陵集》卷八《唐故睢阳郡太守赠秘书监李公神道碑铭》曰："玄宗后元年，改宋州为睢阳郡。命公为太守。……天不惠于宋，乃崇降疠疾。三年春，赐告归洛阳。"说明此诗只能作于二年。李少康为唐宗室，乃太祖李虎之五代孙，《新唐书·宗室世系表上》"毕王房"毕国公景淑之子。故高适诗首云："公族称王佐，朝经允帝求。本枝疆我李，盘石冠诸刘。"此诗作于冬季，诗云："冬至招摇转，天寒蟏蛸收。猿岩飞雨雪，兔苑落梧楸。"可以为证。王维有《送李睢阳》诗，即赠此人。

诗二一三集五《画马篇同诸公宴睢阳李太守各赋一物》。

诗二一三集五《咏马鞭》 诗曰："把向空中捎一声，良马有心日驰千。"上诗有句曰："荷君剪拂与君用，一日千里如旋风。"语意全同。高适作古诗，或五言，或七言，变化不大，惟此二诗之中均杂有三字句，此亦同时所作之一证。

诗二一四集七《送柴司户充刘卿判官之岭外》 刘卿即刘巨鳞。《旧唐书·玄宗纪下》天宝三载夏四月"南海太守刘巨鳞击破海贼吴令光,永嘉郡平"。又天宝八载五月"南海太守刘巨鳞坐赃,决死之"(《册府元龟》卷七百"牧守部":"刘巨鳞为南海太守充岭南五府经略采访处置等使,坐赃下狱死。"并见《通典》卷三十三"职官十五")。又《旧唐书·玄宗纪下》天宝六载三月戊戌"南海太守彭果坐赃,决杖,长流凑溪郡,死于路"。《旧唐书·卢奂传》:"天宝初,为晋陵太守。时南海郡利兼水陆,瑰宝山积,刘巨鳞、彭果相替为太守、五府节度,皆坐赃巨万而死。"前后合观,知刘巨鳞曾先后两次出任南海太守充岭南五府经略采访处置等使。从高适赠诗内容看,柴某赴岭南,似在刘首次任太守时,故系此诗于此。按《新唐书·永王璘传》载制置东南时,谋主中有刘巨鳞,事败被杀,岂玄宗时有二刘巨鳞耶?《新唐书》或记载有误。

天宝三载甲申(744 年) 四十五岁

【时事】 正月,改年为载。三月,以平卢节度使安禄山兼范阳节度使。岑参登进士第。芮挺章选《国秀集》,录开元初至天宝三载之诗。

春,往来于睢阳、陈留之间。

《同李司仓早春宴睢阳东亭得花》 此诗见"伯二五五二敦煌唐诗选残卷"。按高适于天宝后在睢阳过春天之时间不多,此诗最有可能作于是年。刘长卿有《睢阳赠李司仓》诗,当即此人。刘长卿又有"颍川留别司仓李万"诗,或即此李司仓。

诗二一三集五《送田少府贬苍梧》 送客地点似在梁宋。诗曰:"昔为一官未得意,今向万里令人怜。念兹斗酒成瞬间,停舟叹君日将晏。"可知田某乃由水道赴贬所。睢阳或陈留为彼时处于交通要道之名都,距苍梧有万里之遥。诗云:"沉吟对迁客,惆怅西南天。"方位亦合。

诗二一三集五《送杨山人归嵩阳》 李白有《送杨山人归嵩山》诗，与高诗所言全合，当是一时之作。詹锳《李白诗文系年》定李诗为天宝四载客游梁宋时之作。其时高适已离梁宋，故系高诗于是年。高诗内云："夷门二月柳条色，流莺数声泪沾臆。"知在陈留郡。

诗二一三集五《送蔡山人》 李白亦有《送蔡山人》诗。高、李同在一地之时间不多，当是本年同在梁宋时之作。

夏，与李白、杜甫登吹台。漫游梁宋。

《新唐书·杜甫传》："尝从〔李〕白及高适过汴州，酒酣登吹台，慷慨怀古，人莫测也。"杜甫晚年作《遣怀》诗，追忆当年盛事曰："昔我游宋中，惟梁孝王都。名今陈留亚，剧则贝魏俱。邑中九万家，高栋照通衢。舟车半天下，主客多欢娱。白刃仇不义，黄金倾有无。杀人红尘里，报答在斯须。忆与高（适）李（白）辈，论交入酒垆。两公壮藻思，得我色敷腴。气酣登吹台，怀古视平芜。芒砀云一去，雁鹜空相呼。"按李白去长安之后即为梁宋之游，故三人得以相聚也。

诗二一二集四《送虞城刘明府谒魏郡苗太守》 苗太守即苗晋卿。《旧唐书·苗晋卿传》："天宝三载闰二月，转魏郡太守，充河北采访处置使。"郑樵《通志·金石略》载"魏郡太守苗晋卿德政碑。王维文（北京）"。宋之北京即当魏郡地，在今河北大名县东南。王文见《王右丞集》卷二十二。高适此诗，当作于天宝三载之夏，地在睢阳，因诗中言刘明府之行"炎天昼如火，极目无行车。长路出雷泽，浮云归孟诸"也。

夏秋间，至单父，与李白、杜甫登琴台赏玩，且于孟诸泽纵猎。

诗二一二集三《宓公琴台诗三首》 此诗《高常侍集》作《登子贱琴堂赋诗三首》。序曰："甲申岁，适登子贱琴台。"此诗后于宋代崇宁二年四月刻石，字句与今本多不同，详见严可均《铁桥金石跋》卷四"刻高适琴台诗"。

诗二一二集四《同群公秋登琴台》 诗曰："犹是对夏伏,几时有凉飙。"知秋后仍酷热。

诗二一二集二《观李九少府翥树宓子贱神祠碑》 赵明诚《金石录》卷七:"第一千二百二十二唐宓子贱碑,李少康撰,李景参正书。天宝三载七月。"高、李、杜登琴台之年,距宓子贱碑树立不久。《宓公琴台诗序》中赞美之太守李公,即睢阳太守李少康;此时李少康已在洛阳去世,碑文当是以前所撰。李翥为县尉。盖是时太守、县尉大兴崇古之风,太守李少康再造琴台,县尉李翥树宓子贱碑。岑参有《送李翥游江外》诗,内云:"相识应十载,见君只一官。"当是先后之作。高适后于至德二载作《贺安禄山死表》曰"谨遣摄判官李翥奉表陈贺以闻",其时高适已显达,故提携昔日好友入幕府任职。

诗二一一集三《单父逢邓司仓覆仓库因而有赠》 诗曰:"炎炎伏热时,草木无晶光。"与前数诗并读,知今岁酷热,影响农作物收成,故邓某"校缗阅帑藏,发廪欣斯箱"也。诗又曰"载酒登琴堂",亦可与上数诗互证。

秋末,离梁宋东征。

诗二一二集一《宋中十首》 全诗十首,分咏梁宋古人古事,怀古之作。写作时间相同。诗之四曰:"九月桑叶尽,寒风鸣树枝。"诗之五曰:"登高临旧国,怀古对穷秋。"而诗之五落句曰:"昔贤不复有,行矣莫淹留。"知于秋末离宋中远征。

诗二一一集四《宋中别周梁李三子》 诗中有言:"李侯怀英雄,骯脏乃天资。方寸且无间,衣冠当在斯。俱为千里游,忽念两乡辞。"李侯当指李白。诗言相逢不久旋即别离,亦与情事相合。此时二人均欲远游,时在秋季。诗云"凉风吹北原""露下草初白"可证。

高适《东征赋》首言:"岁在甲申,秋穷季月,高子游梁既久,方适楚以超忽。"点明首途之时为秋季之末。

杜甫《昔游》诗曰："昔者与高(适)李(白),晚登单父台。寒芜际碣石,万里风云来。桑柘叶如雨,飞藿去徘徊。清霜大泽冻,禽兽有余哀。"单父台即琴台。大泽即孟诸泽,界睢阳、单父之间。高、李于睢阳分手后,又于单父相遇,纵游甚欢。高、杜亦似一路分合数次。本年杜遭祖母范阳太君之丧,当有家务缠身,然自陈留至单父,亦屡次参与游乐。自此之东,则三人又分手矣。

天宝四载乙酉(745 年)　四十六岁

【时事】　三月,以外孙独孤氏为静乐公主,嫁契丹王李怀节;甥杨氏为宜芳公主,嫁奚王李延宠。八月,册杨太真为贵妃。九月,奚、契丹以安禄山数来侵掠,各杀公主反抗。

高适上年离单父后,东南行;本年秋前至襄贲,寓樊家。

诗二一一集二《涟上别王秀才》　诗曰:"飘飘经远道,客思满穷秋。"知高适于涟上送客,时在天宝四载秋。诗又曰:"余亦从此辞,异乡难久留。"则是高适居此已历多时矣。文三五七集一《东征赋》言天宝三载九月出发东征,经鄢县、谯郡、彭城、垓下、徐县、盱眙、淮阴、山阳等地而至襄贲;襄贲即涟水,在今江苏涟水县北。高适经历如此行程,抵涟水时,或在上半年内。

诗二一二集二《涟上题樊氏水亭》　诗言:"涟上非所趋,偶为世务牵。经时驻归棹,日夕对平川。莫论行子愁,且得主人贤。……向不逢此君,孤舟已言旋。明日又分手,风涛还眇然。"说明高适因事寓涟水甚久,住官僚地主樊家,甚惬意。《东征赋》以襄贲为行程之最后一站,此赋可能作于寓居樊家时。赋末有云:"感百川之朝宗,弥结念于归欤。"与《涟上别王秀才》诗末"余亦从此辞,异乡难久留"之句相合。高适此时归意甚浓,决意西返。

由泗水西北行,至东平。

诗二一二集三《鲁西至东平》 诗曰:"沙岸泊不定,石桥水横流。"可证高适乃由水路至东平。

诗二一一集二《东平留赠狄司马曾与田安西充判官》 田安西为田仁琬。徐安贞《易州田公德政碑》:"公名琬,字正勤。""〔开元〕廿八年春二月,制摄御史中丞,迁安西都护。"(王昶《金石萃编》卷八十三)《旧唐书·王忠嗣传》记开元二十九年以田仁琬充河东节度使(《册府元龟》卷四百五十"将帅部"作"太仆卿兼代州刺史充河东诸军节度副大使"),则是田于是年曾一度回内地任职,而《册府元龟》卷二十四"帝王部"记:"天宝元年正月戊申,安西都护田仁琬于于阗东王河获瑞玉龟一画以献。"又《册府元龟》卷四百五十"将帅部"载天宝元年《贬田仁琬舒州刺史制》曰:"田仁琬忝居节度,镇守西陲,不能振举师旅,缉宁夷夏,而乃公行暴政,不务恤人……宜黜远藩,用诫边使,可舒州刺史,即驰驿赴任。"《旧唐书·玄宗纪下》天宝元年二月"天下诸州改为郡,刺史改为太守"。则是田之遭贬,适在天宝元年正月。《旧唐书·高仙芝传》言年二十余,"事节度使田仁琬、盖嘉运,未甚任用,后夫蒙灵詧累拔擢之"。则是田去职后,由盖接任。吴廷燮《唐方镇年表》叙田仁琬事未详,故备考之。田仁琬于天宝元年去职后,狄亦随之东归,落魄不得意,故高赠诗慰勉。

诗二一四集七《饯宋八充彭中丞判官之岭南》 彭中丞为彭果。即开元二十五年建议推行和籴之人。《资治通鉴》天宝四载三月"以刑部尚书裴敦复充岭南五府经略等使。五月壬申,敦复坐逗留不之官,贬淄川太守。以光禄少卿彭果代之"。此时彭果之官衔全称为"岭南五府经略采访使光禄少卿兼南海郡太守摄御史中丞",见玄宗天宝六载《流彭果诏》,故高称之曰彭中丞。高诗曰:"一朝知己达,累日诏书征。羽翮忽然就,风飙谁敢凌?举鞭趋岭峤,屈指冒炎蒸。北雁送驰驿,南人思饮冰。"知宋、彭乃至交,彭升迁后,即提携宋。《资治通鉴》记天宝五载秋岭南经略使为张九章,则是高诗只能作于四载之秋。地点当在东平。又唐史记载中"彭果"或作"彭杲",近代史家以为文字歧误所致。1956年西安市东北郊挖掘出天宝年间杨国忠等进献遗物,内有银锭四个,一作"岭南采访使兼南海郡太守臣彭杲进天宝十年"(见1957年第二期《文物参考资料》"文物工作报道"),知彭果、彭杲不仅字形相近,且先后至岭南任同一职务,故易滋混淆,无怪乎自新、旧《唐书》起即已缴绕不清,而治唐史者如著《唐御史台精舍题名考》之劳格、赵钺等人,亦已误将二人合为一人矣。

赴汶阳,过鲁郡、曲阜等地。

诗二一二集二《东平路中遇大水》　诗言:"天灾自古有,昏垫弥今秋。霖霪溢川原,颟洞涵田畴。指途适汶阳,挂席经芦洲。永望齐鲁郊,白云何悠悠。傍沿巨野泽,大水缓横流。"诗中言及大水灾情,从船上人眼中看出。高适对灾民深表同情,提出开仓廪、罢田租等裕民建议,但又恨无人采纳。《旧唐书·玄宗纪下》天宝四载秋八月:"河南睢阳、淮阳、谯等八郡大水。"东平等地情况亦类似。

诗二一二集四《鲁郡途中遇徐十八录事时此公学王书嗟别》　此人当是徐晶。《国秀集》卷下叙其职衔为"鲁郡录事"。《全唐诗》徐晶小传定为初唐时人,恐为时过早。徐有《赠温驸马汝阳王》诗,可据以考定年代。汝阳王即《饮中八仙歌》中叙及之汝阳郡王李琎。据《旧唐书·让皇帝宪传》,知其殁于天宝九载。而睿宗女凉国公主,初嫁薛伯阳,后嫁温曦,见《唐会要》卷六(《唐会要》误作温义,据《新唐书·温彦博传》改正,曦为彦博曾孙);玄宗女宋国公主(初封平昌)初嫁温西华,后嫁杨徽,见《新唐书·玄宗二十九女传》。而据《凉国长公主碑》(《金石萃编》卷七十五),知公主之子即温西华,则是温氏两代尚主,与《新唐书·宰相世系表二中》所记合。又据《唐大诏令集》卷四十二《册平昌公主出降文》，知适温西华时在天宝五载。姑不论徐诗中之温驸马是温曦抑或温西华，其时正当开元、天宝时也。高诗曰："谁谓嵩颍客，遂经邹鲁乡。前临少昊墟，始觉东蒙长。……日出见阙里，川平知汶阳。"高适于开元二十七年亦曾赴汶阳漫游，故目睹曲阜地形而念及旧游之地也。诗又曰："弱冠负高节，十年思自强。"盖自开元二十三年应制科试失利，至此又已十年矣。

诗二一四集七《送蔡少府赴登州推事》 诗曰："峥嵘大岘口，逦迤汶阳亭。"知作诗时在邹鲁之地。上句乃远观，下句乃近视，开阖成势。

天宝五载丙戌（746年） 四十七岁

【时事】 四月，李适之罢相，陈希烈同中书门下平章事。李林甫倾陷异己，数兴大狱。不空和尚自印度归，携回密藏及诸经论五百余部。

夏，奉李邕召，赴临淄郡（十月改名济南郡）。**再次与李白、杜甫相聚。**

诗二一一集三《奉酬北海李太守丈人夏日平阴亭》 李邕、高适乃旧识。前曾在滑州相聚，且有文字往还。其后李邕迁北海太守。时邕从孙李之芳自尚书郎出至齐州任职，李邕自北海郡来会，忆及故人，驰书汶阳，请高适至济南聚首，故高诗有云："谁谓整隼旟，翻然忆柴扃。寄书汶阳客，回首平阴亭。"高适东征后，归意甚浓，此时改变计划，应李邕召至济南。诗即作于途中，次平阴之时。高诗又云："一生徒羡鱼，四十犹聚萤。"其时高适年过四十，犹未出仕，甚愿李邕援手，故有是言。

诗二一四集六《同李太守北池泛舟宴高平郑太守》 诗曰："云从四岳起，水向百城流。"时在济南。按此时李白、杜甫亦在济南，李白有《上李邕》诗，杜甫有《陪李北海宴历下亭》《同李太守登历下古城员外新亭》诗，均作于是年夏季，三人当有机会再次聚首。闻一多《少陵先生年谱会笺》："按卢象有诗题曰《追凉历下古城西北隅——此地有清泉乔木》，一本题上有'同李北海'四字。公诗云：'济南名士多。'象，汶水人，或尝与斯游乎？俟考。"其后李白、高適即各奔东西，无聚首之机会矣。

随李邕至北海郡。

诗二一四集六《途中寄徐录事比以王书见赠》 此诗作于赴北海途中。诗曰："落日风雨至，秋天鸿雁初。"点明时令。徐录事即去年于鲁郡途中所遇之徐晶。

诗二一四集六《同群公十月朝宴李太守宅》 诗曰："仍怜门下客，不作布衣看。"与前酬李太守之二诗诗意正同。此时已至十月，陪宴李宅非一遭，仍得李邕青睐，故有"仍怜"之语。李邕自北海郡赴济南会李之芳，势不能延至十月，前后合观，知高適于初秋随李邕至北海郡。此诗当作于旅居北海时。

诗二一一集三《和贺兰判官望北海作》 诗中所言，均是渤海之景色与典实。中有句云"吏道竟殊用，翰林仍忝陪"，说明此诗乃高適寓北海郡时与贺兰同游渤海时之作。

天宝六载丁亥（747年） 四十八岁

【时事】 正月，李林甫遣人杖杀李邕，迫李適之自杀。房琯因累贬宜春太守。十一月，以突骑施哥舒部落之裔哥舒翰为陇右节度使。贬王忠嗣为汉阳太守。忠嗣前屡奏安禄山必反，触李林甫怒。 薛据举"风雅古调科"。

春，在东平。旋归睢阳。

诗二一四集六《别崔少府》 诗曰："知君少得意，汶上掩柴扉。寒食仍留火，春风未授衣。"此时已至天宝六载寒食节后，仍在汶水一带活动。

诗二一四集八《东平别前卫县李寀少府》 诗曰："黄鸟翩翩杨柳垂，春风吹客使人悲。"点明送别作诗之时间。沈德潜《唐诗别裁》于

"云开汶水孤帆远"句评曰"少府之行",于"路绕梁山匹马迟"句评曰"自己之归"。梁山在今山东梁山县。此时高适已在回睢阳途中。

文三五七《为东平薛太守进王氏瑞诗表》 内言范阳卢某之母琅邪王氏于景龙二年作《天宝回文诗》凡八百一十二字,"天宝"二字与李隆基之尊号适合,故作为瑞诗进呈。诗已失传,其字数与《璇玑图》同,当与苏氏之作类似。

诗二一四集七《东平旅游奉赠薛太守二十四韵》 薛太守当是薛自劝。高诗曰:"晋公标逸气,汾水注长流。"盖薛自劝出河东薛氏。《新唐书·宰相世系表三下》薛氏"西祖兴,字季达,晋河东太守"。是为西祖房之始祖。《表》列自劝为工部郎中孝廉之子。高诗曰:"御史风逾劲,郎官草屡修。鹓鸾粉署起,鹰隼柏台秋。"是薛曾先后列职御史、郎官。《唐御史台精舍题名》载薛自劝为监察御史、殿中侍御史并内供奉,《唐郎官石柱题名》载薛自劝为司勋员外郎,与高诗合。《资治通鉴》开元二十四年四月乙丑"泾州刺史薛自劝贬澧州别驾",今又升迁至东平太守,故高诗曰:"一麾俄出守,千里再分忧。"诗中又言:"汶上春帆渡,秦亭晚日愁。"秦亭在今山东范县东南。高适此时仍在归途中。

诗二一一集四《和崔二少府登楚丘城作》 诗曰:"故人亦不遇,异县久栖托。""相逢俱未展,携手空萧索。"知崔二非楚丘人。诗又曰:"公侯皆我辈,动用在谋略。圣心思贤才,竭来刘葵藿?"竭力谋求出仕。

与故交陈兼等人再次聚首。

诗二一二集一《宋中遇陈二》 此诗《河岳英灵集》卷上、《文苑英华》卷二百十八作《宋中遇陈兼》。《新唐书·陈京传》:"陈京,字庆复,陈宜都王叔明五世孙。父兼,为右补阙、翰林学士。"独孤及《送陈赞府兼应辟赴京序》曰:"初,公读《梁竦传》,始慨然薄游,耻揭其公器,退而耕于楚县。"(《毗陵集》卷十六)高诗曰:"离别十年外,飘飘千里来。安知罢官后,惟见柴门开。"则是陈罢封丘县丞后,居泗上达十余年之久。梁肃《独孤公行状》曰:"二十余,以文章游梁宋间。通人颍川陈兼、长乐贾至、渤海高适见公,皆色授心服,约子孙之契。"独孤及生于开元乙丑,"年二十馀",正值天宝初期,陈兼自泗上返宋中时。高适再次与陈见面,且作是诗,亦在此时。独孤及《陈留郡文宣王庙堂碑》记唐天宝十有一载"十月丙午,新堂成","遂命客卿前封丘县丞泗上陈兼志之"。(《毗陵集》卷七。《文苑英华》卷八百十四、八百四十六重出,作者均署陈兼)知陈于是年犹未再仕。李华《三贤论》叙刘昚虚曰:"颍川陈兼不器,行古人道;渤海高适达夫,落落有奇节,是皆重刘者也。"(《唐文粹》卷三十八)知陈兼字不器。梁、李言陈籍颍川,乃举其郡望言之。杜甫有《赠陈二补阙》诗,即赠此人。以前注家皆失考。

诗二一一集四《酬鸿胪裴主簿雨后睢阳北楼见赠之作》 诗曰"远水对秋城",点明时令。诗又曰:"不叹携手稀,恒思着鞭速。终当拂羽翰,轻举随鸿鹄。"高适自从齐地回宋中后,出仕之念甚强烈,屡见于篇章。今系此诗于此。

《双六头赋送李参军》 此赋见"伯三八六二敦煌高适诗集残卷"。文曰:"虽邂逅而小比,必指掌而大亨。""明年有一掷分,君不先鸣谁先鸣?"热衷仕宦,似为此一时期之作。

诗二一一集二《效古赠崔二》 诗曰:"十月河洲时,一看有归思。"作于初冬。崔二似已至睢阳,又有归去之意。诗又曰:"缅怀当涂者,济济居声位。邈然在云霄,宁肯更沦踬?……岂论草泽中,有此枯槁士。我惭经济策,久欲甘弃置。君负纵横才,如何尚憔悴?长歌增郁快,对酒不能醉。穷达自有时,夫子莫下泪。"郁勃不平之气如见。

《过崔二有别》 此诗见"伯三八六二敦煌高适诗集残卷"。诗曰:"秋风吹别马,携手更伤神。"则是作于崔二离此地他去,分手之时。按储光羲有《田家即事答崔二东皋作四首》,或是同一人。

冬，与董令望等人相遇。

诗二一四集八《别董大二首》　此诗"伯二五五二敦煌唐诗选残卷"作《别董令望》。令望事迹不详。依诗之内容看，颇疑董大即董庭兰。董以善琴蜚声海内，游房琯门下有日。李颀有《听董大弹胡笳声兼寄语弄房给事》诗，《文苑英华》卷三百三十四作《听董庭兰弹琴兼寄房给事》。《旧唐书·房琯传》："〔天宝〕五年正月，擢试给事中，赐爵漳南县男。时玄宗企慕古道，数游幸近甸，乃分新丰县置会昌县于骊山下，寻改会昌为昭应县。又改温泉宫为华清宫，于宫所立百司廨舍，以琯雅有巧思，令充使缮理。事未毕，坐与李适之、韦坚等善，贬宜春太守。"《资治通鉴》次其贬事于天宝六载春。朱长文《琴史》卷四曰："当房公为给事中也，庭兰已出其门。"此时房琯遭贬，董庭兰或因是离长安，于是年冬抵宋中。高诗第一首慰董大曰："莫愁前路无知己，天下谁人不识君。"指明董大身份，一无官职，二非名流，而海内知名，与董庭兰以一艺享盛誉之身份相合。二首则作自怜之语，失路落魄，说明高适此时犹未出仕，而第二句云"一离京洛十余年"，盖高于开元二十七年离京回宋州，至此已达十二年，时间正合。然上述假设是否与事实相符，不敢自信，因据现存资料，无法确证董庭兰一名董令望也。

诗二一二集二《宋中遇刘书记有别》　诗曰："相逢梁宋间，与我醉蒿莱。寒楚渺千里，雪天昼不开。末路终离别，不能强悲哀。男儿争富贵，劝尔莫迟回。"当是年内之作。

诗二一一集三《宋中别李八》　诗云："世情薄疵贱，夫子怀贤哲。行矣各勉旃，吾当挹馀烈。"潦倒而有牢骚，不甘寂寞。

天宝七载戊子（748 年）　四十九岁

【时事】　权皋登进士第。

诗二一二集二《遇冲和先生》　冲和先生即姜抚，玄宗时之骗子，事见《新唐书·姜抚传》。姜抚以献长春藤得幸，擢银青光禄大夫，号冲和先生。后以伪造药名为右骁卫将军甘守诚识破，惭悸逃去。姜本宋州人，离京后当辗转复归故地也。高诗曰："自云多方术，往往通神灵。万乘亲问道，六宫无敢听。"揶揄之词，与史书合。又陆长源《辨疑志》中亦有荆岩揭露姜抚造谣欺骗之记载，见《太平广记》卷二八八《姜抚先生》。

居睢阳，困窘之甚。

诗二一二集四《苦雪四首》　四首均作穷愁寂寞之语。首之一曰"二月犹北风"，知在初春。首之四曰："彤云久闲旷，本自保知寡。"当作于今年或明年之首，今系于七载春。

诗二一一集二《酬裴秀才》　诗曰："飘荡与物永，蹉跎觉年老。"此种感受，五十左右之人始能道出。诗又曰："长卿无产业，季子惭妻嫂。"知已家居宋中矣。

诗二一一集一《别王彻》　杜甫有《苦雨奉寄陇西公兼呈王征士》诗，原注："征士琅邪王彻。"或与高适所识者为同一人。高诗曰："归客自南楚，怅然思北林。萧条秋风暮，回首江淮深。"则是二人共有之经历，故以双关语出之。高诗当作于南游江淮归后不久。诗又曰"载酒登平台"，说明其时已返睢阳。严羽《沧浪诗话·诗评》曰："高达夫《赠王彻》云：'吾知十年后，季子多黄金。'金多何足道，又甚于以名位期人者。此达夫偶然漏逗处也。"盖高适此时贫窘之甚，志趣亦已显得低微。

诗二一三集五《平台夜遇李景参有别》　此诗《高常侍集》作《别李景参》。天宝三载，李景参为单父尉子贱碑书文，已见上。其后高适即南游江淮，北抵汶泗，至去年始回睢阳，明年之后又游宦他方，故与李景参作别，只能在去年或今年之秋。今系于是年。高诗曰："策马对秋天，孟诸薄暮凉风起。"点明时地。诗又曰："家贫羡尔有微禄，欲往从之何所之?"说明高适窘迫已极,乃于明年就任封丘县尉。

诗二一四集七《秋日作》 诗曰:"闭门生白发,回首忆青春。"高适年岁已大。诗又曰:"岁月不相待,交游随众人。"知飘泊多时,一无结果。而诗首言:"端居值秋节,此日更愁辛。"则是回故里又已有时,前途渺茫,愁甚。此诗虽不标写作时间,然据前数点推断,当可定为今年秋日之作。

诗二一一集二《寄孟五少府》 诗曰:"秋风落穷巷,离忧兼暮蝉。后时已如此,高兴亦徒然。"知为穷愁家居时作。

诗二一三集五《赠别晋三处士》 诗曰:"卢门十年见秋草,此心惆怅谁能道?"卢门为春秋时宋之东城南门,见《左传》昭公二十一年杜注,今指睢阳,高适居处或邻此旧址。诗言晋三"手持道经注已毕,心知内篇口不言","爱君且欲君先达,今上求贤早上书"。则以开元末年起,玄宗许士人以玄学猎取功名,故有是言。诗又曰"别时九月桑叶疏",已至秋末。

与房休兄弟交往。

诗二一一集三《苦雨寄房四昆季》 此诗《文苑英华》卷一百五十三作《苦雨寄房休昆季》。《唐御史台精舍题名》有监察御史房休,次于崔伦之前。伦"及进士第,历吏部员外郎",时在安禄山反前,见《新唐书·崔衍传》。据此可知房休之仕宦年代已在天宝年间。诗曰:"万事切中怀,十年思上书。君门嗟缅邈,身计念居诸。沉吟顾草茅,郁怏任盈虚。黄鹄不可羡,鸡鸣时起予。"高适自开元二十七年回梁宋后,至此又达十年矣。时光流驶,仕宦无门,然仍未丧失信心。诗又曰:"故人平台侧,高馆临通衢。兄弟方荀、陈,才华冠应、徐。"言房休寓睢阳。诗又曰:"茫茫十月交,穷阴千里余。"其时已入初冬。房休之弟即房敬叔,见李华《送房七西游梁宋序》。

诗二一一集一《送萧十八与房侍御回还》 此诗《高常侍集》作《送

萧十八》。房侍御即房休。侍御为监察御史之通称,见赵璘《因话录》
卷五。高诗曰:"匹马鸣朔风,一身济河浒。"盖萧某离梁宋北去时,已
是冬天。

天宝八载己丑(749年) 五十岁

【时事】 闰六月,哥舒翰攻拔吐蕃石堡城,唐士卒死者数万。哥舒翰加摄御
史大夫。

诗二一三集五《送郭处士往莱芜兼寄苟山人》 诗曰:"归见莱芜
九十翁,为论别后长相忆。"说明此诗作于东游之后,兹姑系于是年。

春,接待刘眘虚、畅璀。

诗二一四集六《别刘大校书》 刘大即刘眘虚。孟浩然有《九日龙
沙作寄刘大眘虚》诗。《西江志》卷六十六引郭子章《豫章书》:"刘眘
虚,字全乙,新吴人。……开元中,举宏辞,累官崇文馆校书郎。与孟
浩然、王昌龄相友善。"王昌龄于开元二十二年举"鸿辞科",刘眘虚当
于二十二年鸿辞中第,王有《送刘眘虚归取宏辞解》诗。《唐才子传》卷
一记刘眘虚为"开元十一年徐徵榜进士",同书卷二记刘长卿为"开元
二十一年徐徵榜及第",进士例不得再举,故知前文"十"前误夺"二"
字,刘眘虚当于开元二十一年及第也。徐应秋《玉芝堂谈荟》卷二记徐
徵为开元二十年状元,则是"二十"之后又误夺"一"字。徐松《登科记
考》不录刘眘虚中举事,岑仲勉《登科记考订补》(载《历史语言研究所
集刊》第十一本)亦未补充,存而不论,何也? 高适诗曰:"昔日京华去,
知君才望新。应犹作赋好,莫叹在官贫。"盖高适于开元二十三年入
京,正值刘声名洋溢之时。诗又曰:"清风几万里,江上一归人。"或是
刘由水道归江东故里,途出睢阳,故高作诗送行。今系此事于是年春。
又唐代别有刘眘虚一人,与高适亦有交往,见李华《三贤论》。此人一
名迅,字捷卿,乃史家刘知幾第五子,见《新唐书·刘迅传》。王士祯

《渔洋诗话》卷下误以二刘为同一人，浦起龙《史通通释》附录《新唐书刘知幾本传增注》驳之而仍沿其误，唯钱大昕《十驾斋养新录》卷十二"刘眘虚"条有辨析。

诗二一二集一《睢阳酬别畅大判官》　畅大即畅璀。章定《名贤氏族言行类稿》卷四十六："唐户部尚书畅璀，尚书左丞畅悦。璀子常、当；当，进士擢第，为太常博士。悦子偃。并河东人。"足证畅璀排行居首，即畅大也。《旧唐书·畅璀传》："天宝末，安禄山奏为河北海运判官。"此诗似作于畅任判官后不久。内云："戎狄本无厌，羁縻非一朝。饥附诚足用，饱飞安可招。李牧制儋蓝，遗风岂寂寥。君还谢幕府，慎勿轻刍荛。"有可议者：唐代早期奚、契丹力量尚弱，然地处东北，与其他少数民族接壤，唐王朝持挟二族以制突厥之策，故常用两手政策，或以武力侵袭，或以和亲拉拢，奚、契丹乃有时反抗，有时归降，其间复屡因突厥或其他少数民族之态度而生变化。高适对边疆少数民族之看法，站在唐王朝之正统立场，但认为应效李牧守边之策，以防守为主，对方如侵扰不已，则猛力反击。此种可取之见解，当有感而发。盖自安禄山任节度使后，屡以诡诈手段诱杀少数民族中人邀功，数起边衅，故高适乃托畅大提供不同意见以为规谏。

睢阳太守张九皋荐举有道科。三伏时至长安，授封丘县尉。

晁公武《郡斋读书志》（衢州本）卷十七："《高适集》十卷《集外文》一卷（勋初按：宋淳祐袁州刊本《郡斋读书志》作二卷）《别诗》一卷：右唐高适达夫也。渤海人，天宝八年，举有道科中第。永泰初，终散骑常侍。五十始为诗，即工。以气质自高，每一篇出，好事者辄传布云。"按天宝八载知贡举者为李岩，见《唐语林》卷八。

《册府元龟》卷六百八十八《牧守部·荐贤》："张九皋为宋州刺史，时高适好学，以诗知名，佳句朝出，夕遍人口，九皋荐举之。"

《旧唐书·高适传》："天宝中，海内事干进者注意文词。适年过五十,始留意诗什,数年之间,体格渐变。以气质自高,每吟一篇,已为好事者称诵。宋州刺史张九皋深奇之,荐举有道科。时右相李林甫擅权,薄于文雅,唯以举子待之。解褐汴州封丘尉,非其好也。"新、旧《唐书》均作宋州刺史张九皋,此乃沿袭旧称,是时宋州已改名睢阳郡,故而张九皋之头衔应正称之曰睢阳太守。萧昕《殿中监张公神道碑》曰:"及元昆出牧荆镇(指开元二十五年夏贬张九龄为荆州长史),公亦随贬外台,遂历安康、淮安、彭城、睢阳四郡守。"(《文苑英华》卷八百九十九)按唐制仕宦年代推算,张九皋此时正在睢阳太守任上。

文三五七《谢封丘县尉表》 文曰:"常谓老死林薮,不识阙庭,岂期岩穴久空,弓旌未已。……臣艺业无取,谬当推荐,自天有命,追赴上京,曾未浃旬,又拜臣职。顾惭虚受,实惧旷官。捧日无阶,戴天何报?臣已于正衙辞讫,即以今日赴官。"按《唐六典》卷三十:"县尉亲理庶务,分判众曹,割断追征,收率课调。"实乃综理事务之佐杂官。

诗二一四集七《古乐府飞龙曲留上陈左相陈希烈》、诗二一四集七《留上李右相》 二诗作于同时。后诗《文苑英华》卷二百五十作《奉赠李右相林甫》。前诗有"幸沐千年圣,何辞一尉休。……去此从黄绶,归软任白头"之句,后诗有"吹嘘成羽翼,提握动芳馨。……恩荣初就列,含育忝宵形"之句,亦与赴京授官之事相合。高适离京师之时,作此二诗留上。查《新唐书·宰相表中》,天宝六载起,陈、李始分任左、右相,此亦可证高适任封丘县尉不得早于天宝六载。

高适于后年作《答侯少府》诗,叙应荐赴京事甚详。诗曰:"常日好读书,晚年学垂纶。漆园多乔木,睢水清粼粼。诏书下柴门,天命敢逡巡?赫赫三伏时,十日到咸秦。褐衣不得见,黄绶翻在身。"知高适赴京时甚匆遽。此时高适年已半百,故称"晚年"。

秋初过洛阳,秋凉时至封丘任职。

诗二一三集五《留别郑三韦九兼洛下诸公》 诗曰:"蹇踬蹉跎竟

不成,年过四十尚躬耕。……幸逢明圣多招隐,高山大泽征求尽。此时亦得辞渔樵,青袍裹身荷圣朝。犁牛钓竿不复见,县人邑吏来相邀。远路鸣蝉秋兴发,华堂美酒离忧销。不知何时更携手,应念兹晨去折腰。"按刘长卿有《客舍喜郑三见寄》诗,不知是否同一人?韦九当是韦建。刘长卿有《客舍赠别韦九建赴任河南韦十七造赴任郑县就便觐省》诗。林宝《元和姓纂》卷二"京兆诸房韦氏":"伯阳、仓部郎中,生建、迢、造。"韦建亦是天宝间诗人,与萧颖士最善,《唐诗纪事》卷二十四、《新唐书·萧颖士传》、李华《三贤论》均有记载。

诗二一二《途中酬李少府赠别之作》 此诗不见《高常侍集》,然葛立方《韵语阳秋》卷十一录《赠别李少府》诗中"余亦惬所从"四句,足证此诗非伪。李少府或是李勉。《旧唐书·李勉传》:"勉幼勤经史,长而沉雅清峻,宗于虚玄。以近属陪位,累授开封尉。时升平日久,且汴州水陆所凑,邑居庞杂,号为难理。勉与联尉卢成轨等,并有擒奸擿伏之名。"唐失名撰《大唐传载》与《太平广记》卷一百六十五引《尚书谭录》均言李勉天宝中寓宋州,后数年尉开封,与高适行踪相契合。高诗曰:"谁谓岁月晚,交情尚贞坚。终嗟州县劳,官谤复迍遭。虽负忠信美,其如方寸悬。连帅扇清风,千里犹眼前。曾是趋藻镜,不应翻弃捐。"谓李勉忧勤县事不应埋没不闻也。诗又曰:"驱马出大梁,原野一悠然。柳色感行客,云阴愁远天。皇明烛幽遐,德泽普照宣。鹓鸿列霄汉,燕雀何翩翩。余亦惬所从,渔樵十二年。种瓜漆园里,凿井卢门边。去去勿重陈,生涯难勉旃。"则以开元二十三年时高适亦曾入京,至此又已十二年矣。此诗当作于赴封丘任职路经大梁时。

诗二一四集八《初至封丘作》 诗中有句曰:"去家百里不得归,到官数日秋风起。"高适至封丘时,正值初凉时节。此时家眷仍在睢阳,离封丘尚有百余里之遥,故有是语。

诗二一一集四《酬岑二十主簿秋夜见赠之作》 诗曰:"感物我心

劳,凉风惊二毛。"此时高适年已五十,发已斑白。诗又曰:"如何异乡县,复得交才彦。""舍下蛩乱鸣,居然自萧索。"则是高适已离梁宋,而在另一乡县成家;除封丘外,无他处,故可定此诗为任封丘尉时之作。诗又曰:"汩没嗟后时,蹉跎耻相见。箕山别来久,魏阙谁不恋?"仍在隐仕之间相矛盾。按《旧唐书·李义琰传》引李义琎之言曰:"凡人仕为丞尉,即营第宅。"高适至封丘不久,亦已有"家"而称"舍下"矣。

　　李颀《答高三十五留别便呈于十一》诗曰:"累荐贤良皆不就,家近陈留访耆旧。……昨日公车见三事,明君赐衣遣为吏。怀章不使郡邸惊,待诏初从阙庭至。散诞由来自不羁,低头授职尔何为? 故园壁挂乌纱帽,官舍尘生白接䍦。"叙述高适未仕前及得官后之情状甚详,自当作于赴封丘访高适时。于十一即于逖,同是开元、天宝间诗人。李白《留别于十一兄逖裴十三游塞垣》诗曰:"于公白首大梁野,使人怅望何可论。"知于蛰居梁宋,故与高适相交接。而高适出仕时于逖犹未出仕,故李颀诗有"寄书寂寂於陵子,蓬蒿没身胡不仕"之句。后于逖终身未仕。

　　李颀《赠别高三十五》曰:"五十无产业,心轻百万资。屠酤亦与群,不问君是谁。……忽然辟命下,众谓趋丹墀。沐浴著赐衣,西来马行迟。……偊俯从寸禄……小县情未惬,折腰君莫辞。"叙高适制科中第前后甚详。《新唐书·选举志上》:"所谓制举者,其来远矣。自汉以来,天子常称制诏道其所欲问而亲策之。唐兴,世崇儒学,虽其时君贤愚好恶不同,而乐善求贤之意未始少息,故自京师外至州县,有司常选之士,以时而举。而天子又自诏四方德行、才能、文学之士,或高蹈幽隐与其不能自达者,下至军谋将略、翘关拔山、绝艺奇伎,莫不兼取。其为名目,随其人主临时所欲,而列为定科者,如贤良方正、直言极谏、博通坟典达于教化、军谋宏远堪任将率、详明政术可以理人之类,其名最著。而天子巡狩、行幸、封禅太山梁父,往往会见行在,其所以待之之礼甚优,而宏材伟论非常之人亦时出于其间,不为无得也。"《封氏闻见记》卷三"制科"曰:"国朝于常举取人之外,又有制科,搜扬拔擢,名目甚众。则天广收才彦,起家或拜中书舍人、员外郎,次拾遗、补阙;玄宗御极,特加精选,下无滞才。"高适制科出身,得一县尉,受李林甫压制,深感不平。

【附录一】 高适未仕之前,窘迫失意,郁勃之情,时于诗中流露。大凡赠诗与地位高之官吏,则有"打秋风"之意味,求援助;赠诗与地位低之官吏或士人,则诉苦鸣不平;闲居抒情,则叹穷愁,或故作达观。后期宦达,情况丕变,故前后期之作品一般均易识别。然高适交游甚广,所交之人,或已无从考索;作诗之时地,亦已无从考证。今将可确定为未仕前之作品而又不能确定时地者列下,俟识者指教:诗二一一集三《过卢明府有赠》、诗二一一集三《酬马八效古见赠》、诗二一一集三《送韩九》、诗二一一集三《别张少府》、诗二一一集三《别耿都尉》、诗二一二集四《哭裴少府》、诗二一四集六《宋中别司功叔各赋一物得商丘》、诗二一四集六《别韦兵曹》、诗二一四集六《别从甥万盈》、诗二一四集六《别王八》、诗二一四集六《宴郭校书因之有别》、诗二一四集八《咏史》、诗二一四集八《闲居》、诗二一四集八《送李少府时在客舍作》。

【附录二】 《新唐书》《唐诗纪事》《唐才子传》等书均言高适"年五十始为诗,即工",与事实相去甚远。《旧唐书》则曰:"适年过五十,始留意诗什。数年之间,体格渐变。以气质自高,每吟一篇,已为好事者称诵。"虽较上说为圆通,而仍有凿枘处。高适年轻时已能诗,其后即以诗文交接各地官吏与四方友好,五十之前已有诗名。此处需探讨者,为"五十学诗"之说何由而起? 今可知者,高适五十前后生活发生巨大变化:未仕之前,蹭蹬落魄,盛唐诗人中罕有其比;入仕之后,煊赫显达,盛唐诗人中亦罕有其比,故本年实为其个人历史变化上一大关键。前此不久,结识李邕,蒙其推奖,对诗名之传播当有影响,盖唐代诗人之得名无不凭借显宦名流之吹嘘,李白、杜甫、王维诸人莫不如此。本年承当地官吏张九皋之推荐,代进诗集,制科中第,"声名从此大,汩没一朝伸",于政治文化中心长安亦已占有地位。后不久,高适第四次入长安,即以名诗人身份与杜甫、王维、储光羲、岑参、薛据、崔颢、綦毋潜等诗人唱和,于文坛上占有甚高之地位,遂得哥舒翰之赏识而引之掌书记,杜甫日后赠诗乃有"新诗日又多""美名人不及"等颂词矣。凡此均可为"五十留意篇什"之说作注脚。要而言之,高适五十之前文学上之成就为其入仕奠定基础,五十之后仕途升迁之速促使他人更注意其文学上之成就,五十是关键,故有上说。

天宝九载庚寅(750 年)　五十一岁

【时事】　五月,安禄山进封东平郡王,将帅封王自此始。八月,兼河北道采访处置使。十月,安禄山入朝,杨国忠兄弟姊妹迎于戏水。十二月,以鲜于仲通为剑南节度使。

上半年,在封丘任县尉职。内心甚痛苦,对趋奉官长与压迫百姓均感痛苦。

诗二一四集八《同陈留崔司户早春宴蓬池》　阮籍《咏怀诗》曰:"徘徊蓬池上,还顾望大梁。"李善注引《汉书·地理志》曰:"河南开封县东北有蓬池。"其地在今河南开封市南。高诗曰:"同官载酒出郊圻,晴日东驰雁北飞。"是时高任封丘县尉,崔为陈留司户,故称"同官"。诗又曰:"州县徒劳那可度,后时连骑莫相违。"此时即已不满县吏生活。

诗二一三集五《封丘作》　此诗《高常侍集》作《封丘县》。诗曰:"我本渔樵孟诸野,一生自是悠悠者。乍可狂歌草泽中,宁堪作吏风尘下?只言小邑无所为,公门百事皆有期。拜迎官长心欲碎,鞭挞黎庶令人悲。归来向家问妻子,举家尽笑今如此。生事应须南亩田,世情付与东流水。"此时家属已接住一起。高适对县尉生活甚不满,已萌去职之念。

诗二一四集八《封丘作》 诗曰:"州县才难适,云山道欲穷。揣摩惭黠吏,栖隐谢愚公。"与上诗同。

秋,送兵清夷,途出濮阳,与沈千运相遇。

诗二一三集五《赋得〈还山吟〉送沈四山人》 沈四山人即沈千运。《唐才子传》卷二曰:"千运,吴兴人。工旧体诗,气格高古,当时士流皆敬慕之,号为'沈四山人'。天宝中,数应举不第。时年齿已迈,遨游襄、邓间,干谒名公。来濮上,感怀赋诗曰:'圣朝优贤良,草泽无遗族。人生各有命,在余胡不淑? 一生但区区,五十无寸禄。衰落当捐弃,贫贱招谤蔺。'其时多艰,自知屯塞,遂浩然有归欤之志,赋诗曰:'栖隐无别事,所愿离风尘。不来城邑游,礼乐拘束人。'又曰:'如何巢与由,天子不得臣。'遂释志,还山中别业。尝曰:'衡门之下,可以栖迟。有薄田园,儿稼女织,偃仰今古,自足此生,谁能作小吏走风尘下乎?'高适赋《还山吟》赠行曰……"云云。

诗二一一集三《赠别沈四逸人》 沈四逸人即沈四山人。高诗曰:"世务不足烦,有田西山岑。"亦即"还山"之意。高诗又曰:"疾风扫秋树,濮上多鸣砧。"时地均合。

诗二一四集六《同群公登濮阳圣佛寺阁》 诗曰"来雁清霜后""萧索对寒风",与上二诗同时。

经河间、博陵北上。

诗二一二集三《同敬八卢五泛河间清河》 此诗当作于送兵清夷暂驻河间之时。《水经注·淇水》云:"又东北过广宗县为清河。"《新唐书·地理志三》:"〔河间县〕西南五里有长丰渠。开元二十五年,刺史卢晖自束城、平舒引滹沱东入淇通漕,溉田五百余顷。"故高诗有"昔涉乃平原,今来忽涟漪。东流达沧海,西流延潭池"之句。可证此行已在开元二十五年之后。初过河间，在开元十八年北上旅游时，渠尚未开，为平原地。

诗二一一集四《酬秘书弟兼寄幕下诸公》 序曰："今年适自封丘尉统吏卒于青夷，途经博陵，得太守贾公之政，相见如旧，他日之意存焉。"贾太守即贾循。李荃撰文之《北岳恒山安天王铭》称贾循官衔为"明威将军守右威卫将军使持节博陵郡诸军事兼博陵郡太守北平军使"（《金石萃编》卷八十八），时为天宝七载五月，与高诗记载尚有出入。《新唐书·贾循传》："安禄山兼平卢节度，表为副，迁博陵太守。禄山欲击奚、契丹，复奏循光禄卿自副，使知留后。"高诗曰："光禄经济器，精微自深衷。……将副节制筹，欲令沙漠空。"与史书合，知贾循官光禄卿兼安之副使在天宝九载。又《北岳恒山安天王铭》载博陵郡官吏有"中散大夫行长史上柱国赏紫金鱼袋清河张公元瓒"，当即高诗中之张司业。高秘书或是高尚。高尚时为安禄山平卢掌书记，随贾循驻博陵，"秘书"为其所带之中央政权官衔。高适诗曰："秘书即吾门，虚白无不通。多才陆平原，硕学郑司农。"则以其为安禄山幕下最著名之文士故也。《旧唐书·高尚传》曰："尚颇笃学，赡文词。"高适诗又曰："献封到关西，独步归山东。"亦与史合。《新唐书·高尚传》曰："李齐物为新平太守，荐诸朝，赆钱三万，介之见高力士，力士以为才，置门下，家事一咨之，讽近臣表其能，擢左领军仓曹参军。力士语禄山，表为平卢掌书记。"故知高秘书当是高尚也。按唐人最重族望，《史通·邑里》曰："且自世重高门，人轻寒族，竞以姓望所出，邑里相矜。"足觇此风之烈。而据敦煌石室写本唐贞观《氏族志》残页，知高氏乃"渤海郡四姓"之一。然该族历时既久，支脉繁衍，子孙自有沦入困窘境地者，高适未仕前之情况即如此。高尚早年贫寒特甚，后从安禄山反，史籍只言其里贯雍奴而不称郡望渤海矣。博陵郡在今河北定州市。《通典》卷一百七十二"州郡二"："范阳节度使：制临奚、契丹，统经略军、威武军、清夷军、恒阳军、北平军、高阳军、唐兴军、横海军。"清夷军下原注："妫川郡城内。垂拱中刺史郑崇述置。管兵万人，马三百匹。南去理所二百十里。"妫川郡在今河北怀来县东。清夷一名，高适诗文中均作"青夷"。

诗二一二集四《同群公题中山寺》 唐博陵郡即古中山国地。自晋以来，即盛行佛教，参《高僧传》等书即可知。

冬，抵蓟北。送兵清夷后，回蓟门过年。

诗二一四集六《使青夷军入居庸三首》 其一曰"云雪尚漫漫"，其二曰："出塞应无策，还家赖有期。东山足松桂，归去结茅茨。"其三曰："自堪成白首，何事一青袍？"说明高适对边塞之情况及封丘之职位均甚不满，欲南回后即去职归隐。

诗二一四集八《送兵到蓟北》 诗曰："积雪与天迥，屯军连塞愁。谁知此行迈，不为觅封侯。"诗意同上。

诗二一二集一《蓟中作》 此诗《文苑英华》卷二百九十九作《送兵还作》。诗曰："岂无安边书，诸将已承恩。惆怅孙吴事，归来独闭门。"对唐玄宗宠信安禄山甚不满。

诗二一一集二《赠别王十七管记》 此言管记，即军中之书记。王十七疑即王悔。《旧唐书·张守珪传》叙契丹与奚连年为边患，"及守珪到官，频出击之，每战皆捷。契丹首领屈剌与可突于恐惧，遣使诈降。守珪察知其伪，遣管记右卫骑曹王悔诣其部落就谋之。悔至屈剌帐，贼徒初无降意，乃移其营帐渐向西北，密遣使引突厥，将杀悔以叛。会契丹别帅李过折与可突于争权不协，悔潜诱之，夜斩屈剌及可突于，尽诛其党，率余烬以降"。此开元二十二年事也。高适于开元二十年前后从军东北时当已结识此人，且熟闻其豪侠事，故首叙其战功以褒扬之。然诗又云："亦谓扫欃枪，旋惊陷蜂虿。"则是王悔后遭谗毁，以致沉沦不起，于是放情诗酒，落魄不羁矣。高诗首言："故交吾未测，薄宦空年岁。"可知王悔仕途失意,当在安禄山任节度使时。此时二人对安均极不满,诗中有言:"归旌告东捷,斗骑传西败。遥飞绝漠书,已筑长安第。画龙俱在叶,宠鹤先归卫。"明指玄宗之昏愦及安禄山之得宠。《安禄山事迹》卷上:天宝六载"禄山旧宅在道政坊,玄宗以其隘陋,更于亲仁坊选宽爽之地,出御库钱更造宅焉。敕所司穷极华丽,不限财物。堂隍院宇,重复窈窱,匼匝诘曲,窗牖绮疏,高台曲池,宛若天造,帏帐幔幕,充牣其中。至于厨厩之内,亦以金银饰其器。虽宫中服御,殆不及也"。诸此情事,自当引起下层人员之愤慨。高诗又曰:"逢时愧名节,遇坎悲沦替。适赵非解纷,游燕独无说。"则言自身遭遇,对以县尉身份送兵之事不满。诗又曰:"相逢季冬月,怅望穷海裔。"说明此诗作于天宝九载年底。

诗二一四集八《除夜作》 诗曰:"旅馆寒灯独不眠,客心何事转凄然?故乡今夜思千里,霜鬓明朝又一年。"考高适游踪虽广,然离梁宋而至远地,亦不过闽中、幽州、陇右、河西、剑南数地而已。高适至闽中时,年岁尚轻;首次至幽州时,未及"霜鬓"之年;至陇右、河西、剑南时,已甚得意,与此诗内容不合;故知此诗定当作于第二次北上,即送兵清夷归来寓蓟门旅馆之时。

天宝十载辛卯(751 年) 五十二岁

【时事】 安禄山与杨贵妃关系暧昧,出入宫掖不禁,丑声闻于外。二月,以安禄山兼河东节度使。四月,剑南节度使鲜于仲通击南诏,大败。秋,岑参随高仙芝自安西至长安。十一月,以杨国忠领剑南节度使。 钱起登进士第。贾至举明经及第。杜甫献《三大礼赋》,玄宗命待诏集贤院。

春,离蓟地,经河淇回封丘。

诗二一一集一《答侯少府》 诗曰:"吏道顿羁束,生涯难重陈。北使经大寒,关山饶苦辛。边兵若刍狗,战骨成埃尘。行矣勿复言,归欤伤我神。"高適此行,目睹安禄山辖境内之实况,对安之政治军事措施极为厌恶。日后高適投奔哥舒翰,坚决反对安禄山,当与此番经历有关。诗又曰:"如何燕赵隄,忽遇平生亲。""两河归路遥,二月芳草新。柳接溥沱暗,莺连渤海春。"路经今河北南部时,已是一番初春景象。

诗二一四集七《辟阳城》 诗曰:"荒城在高岸,凌眺俯清淇。传道汉天子,而封审食其。"《元和郡县志》卷十七冀州信都县:"辟阳故城在县东南三十五里。审食其为辟阳侯。"其地与淇水相距甚远。《水经注·淇水》于"东过内黄县南为白沟"下曰:"淇水又东北径并阳城西,世谓之辟阳城,非也。"乃知高適所咏之城,即并阳城也。此一荒城,俗称为审食其之封地,高適因之而抒写其感慨。诗曰:"奸淫且不戮,茅土孰云宜?何得英雄主,返令儿女欺。母仪良已失,臣节且如斯!太息一朝事,乃令人所嗤。"则借审食其与吕后事以隐射当前宫闱秘事,寓深意焉。按赵彦卫《云麓漫钞》卷八叙宋代自开封至燕京之路程曰:"自东京至女真,所谓御寨行程:东京四十五里至封丘县,皆望北行。四十五里至昨城县,腰顿。四十五里至渡河沙店,四十五里至滑州馆,二十五里至濬州,七十里至汤阴县,腰顿。三十五里至相州安阳馆,六十里至磁州滏阳驲,腰顿。七十里至邯郸县馆,四十里至临洺镇,七十里至信德府邢台驿,三十五里至皇甫村驿柏乡县,五十里至赵州平棘驿,一百里至真定驿,六十里至新乐县,五十里至中山驿,五十里至望都县,七十里至保州金台驿,四十里至梁台驿,三十里至固城,五十里至马村铺,五十里至涿州本道馆,六十里至良乡县,六十里至燕京永平馆。始望东行。……"高適数次北上,南回时之路程,约略相同,可参考。

仍对县尉生活极端不满。

诗二一四集八《同颜六少府旅宦秋中之作》 此诗实自道身世之

感。诗曰："迹留黄绶人多叹，心在青云世莫知。"高适未仕之前，无此体会，观《封丘作》诗即明。诗又曰："逸气旧来凌燕雀，高才何得混妍媸。""不是鬼神无正直，从来州县有瑕疵。"不平之气，似非去职后之心情。故系此诗于此。按高适尚有诗二一三集五《九月九日酬颜少府》诗，内容相同，当是一时之作。

诗二一四集七《奉酬睢阳路太守见赠之作》 路太守疑是路齐晖。诗曰："帝简登藩翰，人和发咏思。神仙去华省，鹓鹭忆丹墀。"说明路某乃由郎官外放牧守。《唐郎官石柱题名》载路齐晖为户部员外郎，《新唐书·宰相世系表五下》"平阳路氏"系内有"〔路〕齐晖，徐、宋二州刺史"，与高诗所言正合。高诗又曰："多惭汲引速，翻愧激昂迟。相马知何限，登龙反自疑。"言前承路某赏识汲引，表示感谢。诗又曰："风尘吏道迫，行迈旅人悲。"言仆仆风尘之苦。诗又曰："秋庭一片叶，朝镜数茎丝。州县甘无取，丘园悔莫追。"则明白表示不愿再任县尉。此诗亦当作于送兵清夷归来之后。

贾至《闲居秋怀寄阳翟陆赞府封丘高少府》曰："我有同怀友，各在天一方。离披不相见，浩荡隔两乡。平生霞外期，宿昔共行藏。岂无蓬莱树，岁晏空苍苍。"据此知高适亦有神仙思想。贾至此诗最有可能作于是年秋。

天宝十一载壬辰(752年) 五十三岁

【时事】 十一月，李林甫卒，以杨国忠为右相兼文部尚书。十二月，以平卢兵马使史思明兼北平太守，充卢龙军使。冬，安禄山、哥舒翰入朝，帝令高力士设宴于崔惠童驸马山池以款待之，安、哥舒口角相争，结怨愈深。

上半年仍在封丘任职。

文三五七《陈留郡上源新驿记》 文曰："壬辰岁，太守元公连率河南之三载也。"元太守即陈留郡太守河南道采访处置使元彦冲，见独孤及《陈留郡文宣王庙堂碑》。文末曰："末吏不敏,纪于贞石。"知是时高适尚在封丘县尉任上。

秋,去职抵长安,与崔颢、綦毋潜、储光羲、岑参、薛据、杜甫等众文士唱酬甚密。

诗二一三集五《崔司录宅燕大理李卿》 诗曰："洛阳故人初解印,山东小吏来相寻。上卿才大名不朽,早朝至尊暮求友。"上卿指李卿,洛阳故人当指崔司录,山东小吏乃自称。其时崔某去职,李某赴其宅访问,高适初至长安,乃以山东小吏前封丘县尉之身份入席。此时"多雨殊未已,秋云更沉沉",约当秋初。高适似于夏末秋初离封丘至京。

诗二一四集六《同崔员外綦毋拾遗九日宴京兆府李士曹》 崔员外当是崔颢。綦毋拾遗即綦毋潜。《新唐书·艺文志》录綦毋潜诗一卷,原注:"字孝通。开元中,由宜寿尉入集贤院待制,迁右拾遗,终著作郎。"顾况《监察御史储公集序》曰:"开元十四年,严黄门(挺之)知考功,以鲁国储公进士高第,与崔国辅员外、綦毋潜著作同时。"三人为同年至交。《唐诗纪事》卷十五曰:"国辅,明皇时应县令举,授许昌令,集贤直学士,礼部员外郎。坐王铁近亲,贬晋陵郡司马。"《旧唐书·王铁传》载天宝十一载夏四月,邢缙与龙武万骑谋杀龙武将军,以其兵作乱,杀李林甫、陈希烈、杨国忠。事泄,率众拒捕,斗败被杀。事涉权臣户部侍郎、御史大夫、京兆尹王铁,玄宗因赐王自尽。《唐才子传》记綦毋潜"后见兵乱,官况日恶,挂冠归隐江东别业",当指上述数事而言。盖崔遭贬谪,不能不对綦毋潜有所触动也。天宝十五载前储光羲任监察御史,天宝十一载时崔国辅任礼部员外郎,綦毋潜任右拾遗。高适正值此时入京,与众诗人过往甚密。然高适此诗又曰:"晚晴催翰墨,秋兴引风骚。"已在十一载重阳节,崔国辅已遭贬出京,故知此人当是崔颢。《旧唐书·崔颢传》言崔"累官司勋员外郎,天宝十三年卒"。崔颢诗名甚大,故置于綦毋潜之前。又王湾《哭补阙亡友綦毋学士》诗曰："遽泄悲成往，俄传宠令回。"知著作郎任令下时，适值綦毋潜去世不久，是知綦毋潜离职归隐正在拾遗任上也。

诗二一二集三《同诸公登慈恩寺浮图》　此诗《高常侍集》作《同诸公登慈恩寺塔》。岑参有《与高适薛据登慈恩寺浮图》诗，杜甫、储光羲并有《同诸公登慈恩寺塔》诗，杜诗原注"时高适、薛据先有此作"，知杜、储亦同游。薛诗已佚，高、岑、杜、储四诗所言时令相同，均在秋季。高诗曰："秋风昨夜至，秦塞多清旷。"按《旧唐书·高适传》："解褐汴州封丘尉，非其好也，乃去位，客游河右。"未去河右之前，先至长安，谋输效。诗曰："盛时惭阮步，末宦知周防。输效独无因，斯焉可游放。"

诗二一二集三《同薛司直诸公秋霁曲江俯见南山作》　薛司直疑是薛奇章（一作薛奇童）。《国秀集》录大理司直薛奇章诗三首，与高适同时。按储光羲有《同诸公秋霁曲江俯见南山》诗，与《高常侍集》卷二之《奉和储光羲》诗全同，疑此诗本储作，后人误作高诗而羼入。由此可知同游曲江之人，内有同登慈恩寺塔之伙伴。高诗有云："我心寄青霞，世事惭白鸥。"此亦入京求仕之谓。

诗二一三集五《同李九士曹观壁画云作》　李九士曹当即京兆府李士曹。岑参有《题李士曹厅壁画度雨云歌》，所咏者同。高、岑二诗均作五、七言各二句，当是一时之作。又钱起有《李士曹厅对雨》诗，内有"满院烟云集""掾曹富文史，清兴对词客"等句，与高、岑之赠诗对象当是同一人。钱起此时任校书郎，正在京师。

诗二一四《玉真公主歌》　此诗不载本集，然洪迈《万首唐人绝句》"七言"卷四已载，谅非赝作。玉真公主为玄宗之妹，喜交接文士，李白、王维、储光羲等人均有诗赠之，高适亦作诗呈上。诗之二有句云"天宝天仙秘莫传"，显为迎合玄宗尊号，故知此诗作于天宝年间，即高适第四次入长安时。按《旧唐书·玄宗纪下》天宝三载十一月："玉真公主先为女道士,让号及实封,赐名持盈。"然在他人不妨仍以公主旧名称之。

天宝十二载癸巳(753年)　五十四岁

【时事】 五月,陇右节度使凉国公哥舒翰击吐蕃,拔洪济、大漠门等城,悉收九曲部落。八月,杨国忠欲厚结哥舒翰以排安禄山,奏以翰兼河西节度使,进封西平郡王。翰奏侍御史裴冕为河西行军司马。　殷璠选《河岳英灵集》,起开元二年至本年。

　　诗二一四集六《送蹇秀才赴临洮》　按诗意,蹇秀才乃赴临洮从军者,故此处当指陇右节度使辖下之临洮军。诗曰:"怅望日千里,如何今二毛。犹思阳谷去,莫厌陇山高。"知高适与蹇某乃旧识,中间离居甚远。按天宝五载杜甫于济南会李邕时作《陪李北海宴历下亭》诗,内有句云:"海右此亭古,济南名士多。"原注:"时邑人蹇处士辈在座。"高适此时亦在济南,当与蹇某相识。意者蹇秀才或即昔日之蹇处士,高适再次与之在京相会,故有"千里"之语。蹇某乃海右名士,故高誉之为"倚马见雄笔"。史料不足,难以详考,今姑系于此,借供参考。

　　诗二一四集六《送李侍御赴安西》　诗曰:"虏障燕支北,秦城太白东。"前指李侍御欲往之地,后句隐指长安,作者送客之区。诗又曰:"功名万里外,心事一杯中。"颇欲立功塞外,意气高扬,当为此一时期之作。

　　诗二一二集四《李云南征蛮诗》　序曰:"天宝十一载,有诏伐西南夷,右相杨公兼节制之寄,乃奏前云南太守李宓涉海自交趾击之。……十二载四月,至于长安。"是诗当作于四月后不久。高适对杨国忠有谀词,对征南诏之举颇为颂扬,见识甚差。李宓后于十三载再度出征南诏时被俘。储光羲有《同诸公送李云南伐蛮》诗,当是十三载之作。按《南诏德化碑》详记南诏与唐冲突始末,系李宓出师与覆军之事于赞普钟元年至三年,与上述所言合,可参考。此碑碑文载阮福编撰之《滇南古金石录》。

夏,与哥舒翰幕下人员联络。秋,受田良丘推荐,赴河西幕府谒哥舒翰,不遇;转至陇右,始为入幕之宾。

诗二一四集七《同李员外贺哥舒大夫破九曲之作》 李员外即李希言。天宝十四载李在河西任行军司马,本年当已入哥舒翰幕府,而时在长安。高诗曰:"遥传副丞相,昨日破西蕃。"则是高适此时尚未至河西,当是在长安闻哥舒翰击破吐蕃后之作。此亦高适在长安谋投效之一证。杜甫《赠田九判官梁丘》诗曰:"陈留阮瑀谁争长,京兆田郎早见招。麾下赖君才并美,独能无意向渔樵?"仇兆鳌《杜诗详注》:"阮瑀指高适。适本封丘尉,与陈留相近。他章云'好在阮元瑜'可证。高之入幕,必由田君所荐,故云早见招而幕下赖之。"实则封丘县属陈留郡治下,故杜诗以郡名称之,仇注尚未达一间。田梁丘事迹见于邵《田司马传》,载《文苑英华》卷七百九十三。

《自武威赴临洮谒大夫不及因书即事寄河西陇右幕下诸公》 此诗见"伯二五五二敦煌唐诗选残卷"。诗风浑厚苍劲,史料价值亦高,兹将全诗移录于后。诗曰:"浩荡去乡县,飘飖瞻节旄。扬鞭发武威,落日至临洮。主人未相识,客子心忉忉。顾见征战归,始知士马豪。戈鋋耀崖谷,声气如风涛。隐轸戎旅间,功业竞相褒。献状陈首级,飨军烹太牢。俘囚驱面缚,长幼随颠毛。毡裘何蒙茸,血食本膻臊。汉将乃儿戏,秦人空自劳。立马眺洪河,惊风吹白蒿。云屯寒色苦,雪合群山高。远戍际天末,边峰连贼壕。我本江海游,逝将心利逃。一朝感推荐,万里从英旄。飞鸣盖殊伦,俯仰忝诸曹。燕鸽知有待,龙泉惟所操。相士惭入幕,怀贤愿同袍。清论挥麈尾,乘酣持蟹螯。此行岂易酬,深意方郁陶。微效傥不遂,终然辞佩刀。"新、旧《唐书》于高适赴河右事记载甚简略，读此诗后，乃知高适在长安应荐，先至武威，后转临洮军，即陇右节度驻地鄯州西平郡，始与哥舒翰相见。西平郡在今青海乐都县。此诗作于天宝十二载秋。《资治通鉴》于是年称"是时中国盛强，自安远门西尽唐境万二千里，闾阎相望，桑麻翳野，天下称富庶者无如陇右"。

文三五七《后汉贼臣董卓庙议》 文曰："今狄道之人，不惭卓之不臣，而务其为鬼；苟斯鬼足尚，则汉莽可得而神，晋敦可得而庙，桓元父子可享于江乡，尔朱兄弟可祀于朔上。""适窃奉吹嘘，庇身戎幕，每承馀论，饱识公忠之言；不远下风，尽知仁义之本。昨忝高会，敬受德音，今具贼臣之事，悉以条上。"汉狄道县为董卓老巢，羌人杂居之地，故有祠庙传至后世。唐狄道郡属陇右节度辖内。高适此议，奉儒家正统观点，有"明上下之序，严夷夏之防"意。

独孤及《送陈赞府兼应辟赴京序》曰："〔天宝〕十二载冬十月，果以公才征。"（《毗陵集》卷十六）又作《送陈兼应辟兼寄高适贾至》诗，内云："高侯秉戎翰，策马观西夷。方从幕中事，参谋王者师。"（《毗陵集》卷二）可征是时高适已在陇右节度幕中。

崇佛，与哥舒翰等造《阿弥陀经》。

《金石录》卷七："第一千三百二十唐哥舒翰等造《阿弥陀经》。正书，无姓名，天宝十二载九月。"按哥舒翰崇奉佛教，常率部下共同举行迷信活动，此次合造《阿弥陀经》，必纠集高适参加。

【附录】 王维有《送高判官从军赴河西序》，首言"上将有哥舒大夫者"，又曰："开府之日，辟书始下。"则是高之从军已在天宝十二载后，哥舒翰已摄御史大夫且兼河西节度使。《序》言："以为踊跃用兵，健将之事；意气跨马，侠少之能。盖欲谋夫起予，哲士俾我。歼黠虏以无类，举外国如拾遗；待夷门而不食，置广武于上座，始得我高子焉。高子读书五车，运筹百胜，慷慨谋议，析天口之是非；指画山川，知地形之要害。尝著《七发》，曹王慕义；每奏一篇，汉文称善。缘情之制，独步当时。"核诸史事，此人非高适莫属。然新、旧《唐书》均不言高适曾任判官，诗文中亦无此记载，不知何故？王维此序作于高适初去河西时。或当时传闻哥舒翰拟辟高适为判官，故有是称欤？

天宝十三载甲午（754年）　五十五岁

【时事】　正月，安禄山入朝。以安禄山为闲厩、陇右群牧等使，又兼总监事。二月，安禄山奏立功将士请超授告身，于是除将军者五百余人，中郎将者二千余人，以此广收众心。三月，安禄山辞归范阳。六月，剑南留后李宓击南诏，全军皆没，宓被擒。是年户口极盛。　制贡举始试诗赋。元结登进士第。独孤及举"洞晓玄经科"。崔颢卒。陆据卒。

哥舒翰表高适为左骁卫兵曹，充掌书记。由是高适成为此一军队系统中之骨干人物。

《旧唐书·高适传》："客游河右，河西节度哥舒翰见而异之，表为左骁卫兵曹，充翰府掌书记。"《新唐书·百官志四下》："掌书记：掌朝觐、聘问、慰荐、祭祀、祈祝之文与号令升绌之事。"

《册府元龟》卷七百二十八"幕府部"："高适好学，以诗知名，为汴州封丘尉。时边将用事，务收俊义，河西节度使哥舒翰表适为左骁卫兵曹、充掌书记。"

《资治通鉴》天宝十三载三月："哥舒翰亦为其部将论功，敕以陇右十将、特进、火拔州都督、燕山郡王火拔归仁为骠骑大将军，河源军使王思礼加特进，临洮太守成如璆、讨击副使范阳鲁灵、皋兰府都督浑惟明并加云麾将军，陇右讨击副使郭英乂为左羽林将军——英乂，知运之子也。翰又奏严挺之之子武为节度判官，河东吕谭为支度判官，前封丘尉高适为掌书记，安邑曲环为别将。"上举诸人，均为陇右节度幕下之部属，故知哥舒翰时在西平郡，高适亦在陇右节度幕府。按唐玄宗李隆基自开元中期起，骄傲自满，数起边衅，兵力集中之地，形成东北、西北两大军阀系统，渐成尾大不掉之势。玄宗仍取姑息态度，玩平衡手法。其后朝政日非，卒酿成安禄山之乱，两大军阀系统之间遂公开进行较量。灵宝之战，哥舒翰失败，为火拔归仁所执，随之降安禄山，然其部下诸要员，如上列《资治通鉴》所提及之人，其后均为肃宗、代宗属下将相大员；安禄山之部下，则演变为日后之藩镇；唐王室所依赖之主要军事力量，转而为朔方军；其影响直延至唐末。

常以诗文与陇右节度幕内同僚应酬。

诗二一三集五《送浑将军出塞》 浑将军即浑惟明。浑为皋兰府都督，本年春加云麾将军。胡三省注："贞观中，铁勒来降，以浑部置皋兰都督府。"《新唐书·宰相世系表五下》："浑氏出自匈奴浑邪王，随拓拔氏徙河南，因以为氏。"高诗曰："将军族贵兵且强，汉家已是浑邪王。子孙相承在朝野，至今部曲燕支下。"与史事全合。诗又曰"昨日边廷羽书至"，查本年河陇无边事，唯念常《佛祖历代通载》卷十七记天宝癸巳"西蕃寇围凉州"，或是去年河西战争未彻底解决，故浑惟明于今年又率部西去。诗末曰"远别无轻绕朝策"，说明此时高、浑乃同僚关系。按《旧唐书·浑瑊传》云："本铁勒九姓部落之浑部也。高祖大俟利发浑阿贪支，贞观中为皋兰州刺史。曾祖元庆、祖大寿、父释之，皆代为皋兰都督。"浑惟明与浑释之同时，为同族中人。浑惟明后为永王璘部将，永王失败前夕奔江宁，见《新唐书·永王璘传》。

诗二一二集一《同吕判官从哥舒大夫破洪济城回登积石军多福七级浮图》 吕判官即谭，时为哥舒翰节度幕下支度判官。按吕、高授官在三月，盛夏时高适时赴河西，此诗只能作于是年春夏之间。

诗二一一集四《同吕员外酬田著作幕门军西宿盘山秋夜作》 吕员外亦即吕谭。《旧唐书·吕谭传》："谭性谨守，勤于吏职，虽同僚追赏，而块然视事，不离案簿，翰益亲之，累兼虞部员外郎、侍御史。"按此诗首云:"碛路天早秋,边城夜应永。"乃承田著作秋夜作诗而言,非谓和诗时正值秋季也。"幕门军"一名,《通典》卷一百七十二、《元和郡县志》卷三十九、《旧唐书·地理志一》均作"莫门军",属陇右节度辖下。《文苑英华》卷二百四十二录此诗作"莫门军"。

夏,随哥舒翰入朝。哥舒翰于玄宗之前推重高适。

《旧唐书·金梁凤传》:"天宝十三载,客于河西。善相人,又言玄象。时哥舒翰为节度使,诏入京师;裴冕为祠部郎中,知河西留后,在武威。"《旧唐书·高适传》:"河西节度哥舒翰见而异之,表为左骁卫兵曹,充翰府掌书记,从翰入朝,盛称之于上前。"盖哥舒翰之于高适,遥奏授官在前,携之入朝在后,而此二事均在上半年内。

杜甫《送高三十五书记》曰:"脱身簿尉中,始与捶楚辞。借问今何官,触热向武威?答云一书记,所愧国士知。"高、杜再次在京相聚。高适将赴河西节度幕府,杜乃赠诗送别。杜诗又曰:"十年出幕府,自可持旌麾。此行既特达,足以慰所思。男儿功名遂,亦在老大时。"是时高适已年五十五岁,如再在幕府任职十年,将届六十五岁高龄,故杜甫期之以"老大"时持旌麾也。此诗结尾时又云:"边城有馀力,早寄从军诗。"高适素以边塞诗著称,气骨浑雄,今又从军塞外,自当时有佳作以饷友人也。

去河西节度幕府时,一路吟诗,不无自得之意。

诗二一四集六《送白少府送兵之陇右》 诗曰:"残更登陇首,远别指临洮。为问关山事,何如州县劳?"白少府将之临洮,与高适在陇首相遇。

诗二一二集一《登垅》 诗曰"浅才登一命",说明此时已拜书记要职。诗曰"孤剑通万里",盖是时将去武威。诗曰"岂不思故乡",则是用乐府中语。诗曰"从来感知己",乃指哥舒翰而言。哥舒翰早期颇负时誉。《旧唐书·哥舒翰传》:"翰好读《左氏春秋传》及《汉书》,疏财重气,士多归之。"救王忠嗣事,"朝廷义而壮之",故当代诗人颇多愿出其门下,李白、杜甫、储光羲均有诗赠之,严武、吕诬、萧昕先后曾任幕下判官、书记等职。高适由田梁丘推荐入幕,受赏识提拔,故称之为"知己"。

诗二一四集八《金城北楼》 诗曰:"北楼西望满晴空,积水连山胜画中。"高适将赴武威,乃于金城北楼西望。此时高适受哥舒翰推重,不无自得之意。诗又曰:"垂竿已谢磻溪老,体道犹思塞上翁。"说明此时已出仕,以前渔樵生活已告结束。金城郡在今甘肃兰州市。

诗二一四集六《入昌松东界山行》 诗曰:"王程应未尽,且莫顾刀环。"唐昌松县故城在今甘肃古浪县西,已近武威,故有是言。

至武威后,作边塞诗。吹捧哥舒翰。

诗二一四集八《九曲词三首》 郭茂倩《乐府诗集》卷九十一:"《新唐书》曰:天宝中,哥舒翰攻破吐蕃洪济、大莫等城,收黄河九曲,以其地置洮阳郡。适由是作《九曲词》。"《资治通鉴》天宝十三载"秋,七月癸丑,哥舒翰奏:于所开九曲之地置洮阳、浇河二郡及神策军,以临洮太守成如璆兼洮阳太守,充神策军使"。此诗当作于七月后不久。

诗二一三集五《塞下曲贺兰作》 《新唐书·回鹘传下》:"莫贺咄死,子〔契苾〕何力尚纽,率其部来归,时贞观六年也。诏处之甘、凉间,以其地为榆溪州。永徽四年,以其部为贺兰都督府。"《旧唐书·地理志三》曰:贺兰州等"八州府,并无县,皆吐浑、契苾、思结等部寄在凉州界内"。则是都督府地后改建为州,盖亦羁縻州也。高适是诗当作于至武威后。

诗二一四集六《部落曲》 此诗叙述之景象,全是西北边地之军事生活,当属高适至河西节度使幕府后之作。

皈依密宗。哥舒翰率河西节度幕下大小官员，请不空和尚行灌顶仪式。高适亦在其内。

赵迁《大唐故大德赠司空大辩正广智不空三藏行状》："〔天宝〕十二载，敕令赴河、陇节度，御史大夫哥舒翰所请。十三载，到武威，住开元寺。节度已下，至于一命，皆授灌顶。士庶之类，数千人众，咸登道场。与僧弟子含光授五部法，次与今之功德使开府李元琮授五部灌顶，并授金刚界大曼荼罗。……十五载夏，奉诏还京，住大兴善寺。"《不空三藏表制集》卷四录飞锡《大广智三藏行碑》记载全同。按不空为北天竺籍(一说师子国籍)密宗高僧，与善无畏、金刚智合称"开元三大士"。曾为唐玄宗、肃宗、代宗行灌顶仪式，称国师，累官特进、试鸿胪卿、加开府仪同三司、封肃国公、赠司空，食邑三千户，谥大辩正广智不空三藏和上。此一宗派重巫术。所谓灌顶，即以清水灌洒受法人之头顶，谓可洗去无始以来固着于身心之无明烦恼垢秽，引出本生自性清净心，然后授以此宗之秘印(手势)、秘明(咒语)。此宗受婆罗门教影响甚大，而灌顶之事则原为古印度帝王即位及立太子之仪式。高适皈依此种教派，则与本身经历及所处环境有关。唐代文士多信佛，然大都崇奉禅宗，高适则皈依密宗，是其不同处。

天宝十四载乙未(755 年) 五十六岁

【时事】 二月，安禄山请以蕃将三十二人代汉将，从之。十一月，安禄山反。范阳将何千年执河东节度使杨光翙，杀之。置河南节度使，领陈留等十三郡。十二月，平原太守颜真卿起兵讨安禄山。以永王璘为山南节度使。杀高仙芝、封常清，以哥舒翰为兵马副元帅，守潼关。封演登进士第。王昌龄为闾丘晓所杀。张九皋卒，年六十六。

杜甫一再寄诗问候。

杜甫《送蔡希鲁都尉还陇右因寄高三十五书记时哥舒入奏勒蔡子先

归》诗曰："云幕随开府,春城赴上都。"《资治通鉴》天宝十四载二月"陇右、河西节度使哥舒翰入朝,道得风疾,遂留京师,家居不出"。遂命蔡希鲁先归陇右。杜甫因此赠诗送行,并请向高适代致问候。诗曰："汉使黄河远,凉州白麦枯。因君问消息,好在阮元瑜?"知高适时在武威,即河西节度幕府。

杜甫《寄高三十五书记适》诗曰："叹息高生老,新诗日又多。"其时高适已年五十六岁。诗又曰："美名人不及,佳句法如何?"知高适诗名更盛于前。诗又曰："闻君已朱绂,且得慰蹉跎。"高适此时名位尚低,按例无服绯之可能。《唐会要》卷三十一"内外官章服"载开元二十五年五月三日敕,禁诸军赏借绯紫之服,然此禁令似未能贯彻,天宝末年军阀骄横,赏借之事当更僭滥,高适于是乃有服绯之可能。

寄诗颜真卿叙旧。

《奉寄平原颜太守》 此诗见"伯三八六二敦煌高适诗集残卷"。诗序颇重要,遂录于下:"初,颜公任兰台郎,与余有周旋之分,而于词赋特为深知。洎擢在宪司,而仆寓于梁宋。今南海太守张公(勋初按:指张九皋)之牧梁也,亦谬以仆为才,遂奏所制诗集于明主,而颜公又作四言诗数百字,并序之。张公吹嘘之美,兼述小人狂简之盛,遍呈当代群英。况终不才,何以为用;龙钟蹭蹬,适负知己!夫意所感,乃形于言,凡廿韵。"由此可知:(一)张九皋于天宝八载荐举高适之前,曾奏上高适诗集。《封氏闻见记》卷三"制科"曰:"常举外,复有通五经一史及进献文章并上著述之辈,或付本司,或付中书考试,亦同制举。"张九皋为之活动,谋出仕,高适后虽不由此途进身,然张九皋为之扬名于朝,高适卒于其大力支持下获成功。(二)高适与颜真卿乃故交。颜真卿自任秘书省著作局校书郎始,至此时任平原太守,与高有文字往还,惜均已亡佚。高诗曰:"上将拓边西,薄才忝从戎。……一为天涯客,三见南飞鸿。"知此诗作于是年秋。

陪窦侍御赏玩赋诗。

诗二一四集七《陪窦侍御灵云南亭宴诗得雷字》 序曰："员外李公曰:'七日者何? 牛、女之夕也。'"知宴饮赋诗时为七月七日。

诗二一四集七《陪窦侍御泛灵云池》。

诗二一四集七《和窦侍御登凉州七级浮图之作》。

文三五七《送窦侍御知河西和籴还京序》 文曰:"八月既望,公于是领钱谷之要,归奏朝廷。"知窦某至武威,经办经济事务,事毕即归,费时一二月。文又曰:"副节制郎中裴公,军司马员外李公,追台阁之旧游,惜轩车之远别,席楼船于池上,泛云物于池下。"知在灵云池饯别。裴公即裴冕,李公为李希言。圆照《贞元新定释教目录》卷十五记不空和尚至武威,"时西平王为国请译《金刚顶一切如来真实摄大乘现证大教王经》三卷,行军司马礼部郎中李希言笔受"。窦乃裴、李之旧识,亦与情事相合。唐代边将率多骄奢淫逸。元稹《西凉伎》曰:"吾闻昔日西凉州,人烟扑地桑柘稠。蒲萄酒熟恣行乐,红艳青旗朱粉楼。楼下当垆称卓女,楼头伴客名莫愁。乡人不识离别苦,更卒多为沉滞游。哥舒开府设高宴,八珍九酝当前头。前头百戏竞撩乱,丸剑跳踯霜雪浮。狮子摇光毛彩竖,胡姬醉舞筋骨柔。大宛来献赤汗马,赞普亦奉翠茸裘。……"虽出传闻,且有文学上之夸张,然仍可作为了解高适幕府生涯之参考资料。

至是高适在河西已达一年。

诗二一四集六《武威同诸公过杨七山人得藤字》 诗曰"田家岁复登",则自去年秋抵武威,至是又已一年矣。

诗二一四集六《河西送李十七》 诗曰"驱马向秋天",时在秋季。诗又曰"边城多远别",知在河西时屡送客赴安西、北庭。按高适尚有诗二一四集六《送裴别将之安西》等诗,亦当作于同时。

年末转至河东,任绛郡长史。

芮挺章编《国秀集》,入选诗人均冠头衔。高适之官衔为"绛郡长史"。此事虽不见其他记载,然芮挺章与高适同时,书中其他人之头衔大致均无误,想来高适应当任过此职。然绛郡属河东节度辖下,高适何缘越境出任长史?疑此事本临时非常措施,其时当在安禄山叛乱之后,朝廷指令河西节度属下官员赴河东任职,预防安禄山之属下起兵接应也。故而高适出任绛郡长史,当系临时委派,故为时甚短,史籍缺载。

诗二一二集三《同马太守听九思法师讲〈金刚经〉》 诗曰"吾师晋阳宝",点明听经之地在河东。高适描述随同马太守听经之情状曰:"招提何清净,良牧驻轩盖。露冕众香中,临人觉苑内。心持佛印久,摽割魔军退。"虽颂佛法之高,然亦隐喻时事,"魔军"云云,或有双关之含义。

【附录】 "伯三八一二敦煌诗歌选集残卷"有《高适在哥舒大夫幕下请辞退托兴奉诗》一首。诗曰:"自从嫁与君,不省一日乐。遣妾作歌舞,好时还首恶。不是妾无堪,君家妇难作。下堂辞君去,去后君莫错。"辞意鄙俚,不类高适自作。高适入哥舒翰幕府,骤跻高位,当为彼时士人所艳羡,其后乃有此类情节曲折之轶闻出现。

天宝十五载(七月改元)肃宗李亨至德元载丙申(756 年) 五十七岁

【时事】 正月,安禄山于东京自称大燕皇帝。六月八日,哥舒翰大败于灵宝;九日,被执降敌。安军入潼关。十三日晨,玄宗奔蜀。十四日至马嵬驿,军士杀杨国忠等,帝被迫缢杀杨贵妃。七月,李亨即位于灵武。玄宗从房琯议,以李亨充天下兵马元帅,遣永王璘领四道节度都使,镇江陵;旋知李亨已即帝位,乃命韦见素、房琯等奉宝册至顺化禅位。十月,房琯兵败于陈涛斜。十一月,永王璘聘李白为僚佐。十二月,置淮南节度使,领广陵等十二郡。 皇甫冉登进士第。

上半年,佐哥舒翰守潼关。

《旧唐书·高适传》:"禄山之乱,征翰讨贼。拜适左拾遗,转监察御史,仍佐翰守潼关。"

潼关失守,高适奔长安,向玄宗献策,表示坚决抗击安禄山。玄宗西逃,高适间道追及于河池郡。

《册府元龟》卷四百七十七"台省部":"唐高适为左拾遗。天宝末,天下兵起,潼关失守。适上策曰:竭库藏召募以御贼,犹未失计。事虽不行,闻者壮之。"

《新唐书·外戚(杨国忠)传》:"哥舒翰守潼关,按兵守险,国忠闻欲反己,疑之,乃从中督战,翰不得已出关,遂大败,降贼。书闻,是日帝自南内移杖未央宫,国忠见百官,鲠咽不自胜。监察御史高适请率百官子弟及募豪桀十万拒守,众以为不可。"

《新唐书·高适传》:"翰败,帝问群臣策安出,适请竭禁藏募死士抗贼,未为晚,不省。天子西幸,适走间道,及帝于河池。"按六月九日潼关失守,六月十三日玄宗西逃,高适至长安昌言抗敌,当为六月十一日或十二日事。

颜真卿《颜允南神道碑》:"〔天宝〕十五年,长安陷,舆驾幸蜀。朝官多出骆谷,至兴道,房琯、李煜、高适等数十人尽在。"(《颜鲁公文集》卷八)《旧唐书·高适传》亦曰:"适自骆谷西驰,奔赴行在,及河池郡。"《通典》卷一百七十五"州郡五":"汉中郡:去西京取骆谷路六百五十二里,斜谷路九百三十三里,驿路一千二百二十三里。"盖玄宗乃沿太白山北较平易之故道西逃,高适等人则横越秦岭,由直捷而艰险之骆谷路西南行也。《新唐书·玄宗纪》天宝十五载六月"丙午,次河池郡"。高适当于六月二十四日后不久即追及。河池郡属山南道,今陕西凤县东。

分析潼关失败时之形势,极言朝廷军政之腐败。

《旧唐书·高适传》:"谒见玄宗,因陈潼关败亡之势曰:'仆射哥舒翰忠义感激,臣颇知之,然疾病沉顿,智力将竭。监军李大宜与将士约为香火,使倡妇弹筝簏琵琶以相娱乐,樗蒲饮酒,不恤军务。蕃浑及秦、陇武士,盛夏五六月于赤日之中食仓米饭,且犹不足,欲其勇战,安可得乎?故有望敌散亡,临阵翻动,万全之地,一朝而失。南阳之军,鲁炅、何履光、赵国珍各皆持节,监军等数人更相用事,宁有是,战而能必胜哉?臣与杨国忠争,终不见纳。陛下因此履巴山、剑阁之险,西幸蜀中,避其蚤毒,未足为耻也。'玄宗嘉之,寻迁侍御史。"此时哥舒翰降后之详情谅未传来,故高适仍为之辩护。灵宝之战,失败之主要责任不在哥舒翰,过去史家亦曾论及。而哥舒翰之旧幕僚如田良丘辈,亦有回护之词,见上举《颜允南神道碑》,诸此均为私人感情所蔽,不识大体,故不为时人所许可。

至成都。八月,擢谏议大夫。

《旧唐书·高适传》:"至成都,八月,制曰:'侍御史高适,立节真峻,植躬高朗,感激怀经济之略,纷纶赡文雅之才。长策远图,可云大体;谠言义色,实谓忠臣。宜回纠逖之任,俾超讽谕之职。可谏议大夫,赐绯鱼袋。'"按此制文出贾至手笔,见《文苑英华》卷三百八十一。时贾至任中书舍人,知制诰。

十二月,出任淮南节度使,讨伐永王李璘。

《新唐书·高适传》:"帝以诸王分镇,适盛言不可,俄而永王叛。肃宗雅闻之,召与计事,因判言王且败,不足忧。帝奇之,除扬州大都督府长史、淮南节度使。诏与江东韦陟、淮西来瑱率师会安陆。"按分镇之举乃唐史一重要公案,以其对唐代政治与唐代文坛影响至巨,故不可不略作评述。蔡居厚《蔡宽夫诗话》曰:"予读司空图《房太尉汉中诗》云:'物望倾心久,凶渠破胆频。'注谓'禄山初见分镇诏书,拊膺叹曰："吾不得天下矣。非琯无能画此计者。'"盖以乘舆虽播迁,而诸子各分统天下兵柄,则人心固所系矣,未可以强弱争也。"(《苕溪渔隐丛话》前集卷十四引)此说当亦采诸传闻,而又有为房琯吹嘘之意。唐宋之时,房琯颇负盛誉,然好行古道而不切实事,故拨乱无长策也。陈涛斜之役,"琯用春秋车战之法",几致全军覆没;所谓分镇之议,亦不过效西周初期封建诸侯藩屏周室之故伎,实则分镇之后,南北各拥重兵割据,必致对立。李璘垄断江淮租赋,控制唐王朝经济命脉,无异扼李亨之咽喉。李亨居尊长之位,且已即帝位,岂容李璘与之争夺?故此议一出,必致内争。同类情事,征之唐初建成、元吉与太宗争夺帝位之事,亦可推知。参《新唐书·李泌传》论广平、建宁孰为元帅之语,益见房琯等人对唐代历史与现状缺乏了解,见识甚低。胡震亨《唐音癸签》卷二十五:"高适,诗人之达者也。其人故不同:〔杜〕甫善房琯,适议独与琯左;〔李〕白误受永王璘辟,适独察璘反萌,豫为备。二子穷而适达,又何疑也。"三人之成败确与对待是项重大政治措施之态度有关。前人每以"节"字责李,"忠"字褒杜,固属封建陈腐之见,然李、杜于复杂情况下昧于形势,亦毋庸为讳。《旧唐书·高适传》言适"喜言王霸大略",能于肃宗与永王之矛盾中预测政局之发展,当以其对唐代历史与政治有较现实之分析与主张。

《资治通鉴》至德元载十二月:"永王璘,幼失母,为上所鞠养,常抱之以眠;从上皇入蜀。上皇命诸子分总天下节制,谏议大夫高适谏,以为不可,上皇不听。璘领四道节度都使,镇江陵。时江、淮租赋山积于江陵,璘召募勇士数万人,日费巨万。璘生长深宫,不更人事,子襄城王场,有勇力,好兵,有薛镠等为之谋主,以为今天下大乱,惟南方完富,璘握四道兵,封疆数千里,宜据金陵,保有江表,如东晋故事。上闻之,敕璘归觐于蜀,璘不从。江陵长史李岘辞疾赴行在。上召高适与之谋。适陈江东利害,且言璘必败之状。十二月,置淮南节度使,领广陵等十二郡,以适为之;置淮南西道节度使,领汝南等五郡,以来瑱为之;使与江东节度使韦陟共图璘。"胡三省注:"淮南节度使,领扬州广陵郡、楚州山阳郡、滁州全椒郡、和州历阳郡、寿州淮南郡、庐州合肥郡、舒州同安郡、光州弋阳郡、蕲州蕲春郡、安州安陆郡、黄州齐安郡、申州义阳郡、沔州汉阳郡,凡十三。"治扬州广陵郡。

《旧唐书·肃宗纪》:"〔至德元载十二月戊子,以〕谏议大夫高适为广陵长史、淮南节度兼采访使。"《新唐书·百官志四下》:"〔大都督府〕长史一人,从三品。"

年底,与韦陟、来瑱于安陆誓师。

《资治通鉴》至德元载十二月"甲辰,永王璘擅引兵东巡,沿江而下,军容甚盛,然犹未露割据之谋。吴郡太守兼江南东路采访使李希言平牒璘,诘其擅引兵东下之意。璘怒,分兵遣其将浑惟明袭希言于吴郡,季广琛袭广陵长史、淮南采访使李成式于广陵。……江淮大震。高适与来瑱、韦陟会于安陆,结盟誓众以讨之"。安陆在今湖北安陆市。

《旧唐书·韦陟传》:"因与淮南节度使高适、淮西节度使来瑱等同至安州。陟谓适、瑱曰:'今中原未复,江淮动摇,人心安危,实在兹日。若不齐盟质信,以示四方,令知三帅协心,万里同力,则难以集事矣。'陟推瑱为地主,乃为载书,登坛誓众曰:'淮西节度使兼御史大夫瑱,江东节度使、御史大夫陟,淮南节度使、御史大夫适等,衔国威命,各镇方隅,纠合三垂,翦除凶慝,好恶同之,无有异志。有渝此盟,坠命亡族。皇天后土,祖宗神明,实鉴斯言。'陟等辞旨慷慨,血泪俱下,三军感激,莫不陨泣。其后江表树碑以记忠烈。"此事当在十二月二十五日永王东巡后不久。又《资治通鉴》载去年十二月置淮南节度使,领广陵等十二郡,胡三省据《新唐书·方镇表五》列十三郡,有矛盾;今按上引韦陟传中有"陟推瑱为地主"之语,知建置之初,安州安陆郡属淮南西道节度使,胡《注》、新《表》均有小误。

至德二载丁酉(757年) 五十八岁

【时事】 正月,安庆绪遣阉宦李猪儿杀其父安禄山,即位。二月,永王李璘败死。五月,房琯罢相,张镐为中书侍郎、同平章事。九月,收复西京。十月,睢阳城陷,张巡死之。收复东京。改蜀郡为成都府,长史为尹。分剑南为东、西川节度,东川领梓、遂、绵、剑、龙、阆、普、陵、泸、荣、资、简等十二州。十一月,张镐收复河南诸郡。十二月,上皇自蜀郡返京。前所改郡名、官名,一概复旧。史思明遣人请降,封归义王、范阳节度使。陷敌官六等定罪,王维、储光羲、卢象、李华等皆贬官。

正月,闻安禄山死,上表称贺。

文三五七《贺安禄山死表》 文曰:"臣得河南道及诸州牒,皆言逆贼安禄山苦痛而死,手足俱落,眼鼻残坏。"与史实相去甚远。当时有关安禄山之传说甚多,观《安禄山事迹》即可知。

二月,永王败死。高适兵尚未下。

文三五七《谢上淮南节度使表》 此表作于至德二载二月。文曰:"〔臣〕以今月二日至广陵,以某日上讫。"(此数语《全唐文》本缺载,据明刊本《高常侍集》补入)又曰:"岂意圣私超等,荣宠荐臻,拔自周行,重寄方面。"淮南地处长江、运河之交,形势险要。权德舆《杜公淮南遗爱碑》言其地"控荆衡以沿泛,通夷越之货贿。四会五达,此为咽颐。"(《权载之文集》卷十一)高适出镇此要地,已成官位甚高之封疆大吏。《旧唐书·文苑传下》:"开元、天宝间,文士知名者,汴州崔颢、京兆王昌龄、高适、襄阳孟浩然,皆名位不振,唯高适官达。"

《旧唐书·高适传》:"诏与江东节度〔韦陟、淮西节度〕来瑱率本部兵平江淮之乱,会于安州。师将渡而永王败,乃招季广琛于历阳。"新、旧《唐书·韦陟传》详记招安季广琛始末,今知此事乃韦陟、高适二人共同采取之措施。按季广琛亦为哥舒翰之部下，出自河西系统之官员。《酉阳杂俎》前集卷六"器奇"："〔宋〕青春死后，剑为瓜州刺史季广琛所得。或风雨后，迸光出室，环烛方丈。哥舒镇西知之，求易以他宝，广琛不与，因赠诗：'刻舟寻化去，弹铗未酬恩。'"据此知高、季乃老相识。

《新唐书·高适传》："未度淮，移檄将校，绝永王，俾各自白，君子以为义而知变。"

与贺兰进明诗文投赠。于贺兰进明与许叔冀之间进行调解。

诗二一四集七《酬河南节度使贺兰大夫见赠之作》 贺兰大夫即贺兰进明，上年十月授河南节度使。贺兰进明赠诗已佚。高适此诗四库全书本题下原注："时在扬州。"

《旧唐书·高适传》："其与贺兰进明书，令疾救梁宋，以亲诸军；与许叔冀书，绸缪继好，使释他憾，同援梁宋。……君子以为义而知变。"二书均已亡佚。按《资治通鉴》至德二载称："初，房琯为相，恶贺兰进明，以为河南节度使，以许叔冀为进明都知兵马使，俱兼御史大夫。叔冀自恃麾下精锐，且官与进明等，不受其节制，故进明不敢分兵，非惟疾巡、远功名，亦惧为叔冀所袭也。"高适以大义晓喻二人，然无结果。

李白送张孟熊从军。张赴广陵见高适。

李白《送张秀才谒高中丞》诗序曰："余时系寻阳狱中，正读《留侯传》。秀才张孟熊蕴灭胡之策，将之广陵谒高中丞。"高适时驻节广陵。中丞即御史中丞。新、旧《唐书》言高适时兼御史大夫，微误。李白因从永王李璘获罪，时系狱浔阳。

李白《送张秀才从军》诗内云"将投霍将军"，亦指高适。高适对李白之厄难似无所帮助。

高适时兼淮南采访使，荐权皋。

《新唐书·权皋传》："皋擢进士第，为临清尉，安禄山藉其名，表为蓟尉,署幕府。皋度禄山且叛,以其猜虐不可谏,欲行,虑祸及亲。天宝十四载,使献俘京师,还过福昌尉仲謩。謩妻,皋妹也。密约以疾召之,謩来,皋阳暗,直视謩而瞑。謩为尽哀,自含敛之。皋逸去,人无知者。吏以诏书还皋母,母谓实死,恸哭感行路,故禄山不之虞,归其母。皋潜候于淇门,奉侍昼夜南奔,客临淮,为驿亭保以诇北方。既度江而禄山反,天下闻其名,争取以为属。高适表试大理评事、淮南采访判官。"皋乃权德舆之父。《旧唐书·权德舆传》亦载此事。

秋,张镐杀闾丘晓,传与高适为王昌龄申冤事有关。

范摅《云溪友议》卷上:"或谓章仇大夫兼琼为陈拾遗雪狱,高适侍御与王江宁昌龄申冤,当时用为义士也。"此说虽为四库全书馆臣批驳,然高适与王昌龄早有交往,王昌龄被害不久,高适即以淮南节度使衔统兵东南。《新唐书·张巡传》:"肃宗诏中书侍郎张镐代〔贺兰〕进明节度河南,率浙东李希言、浙西司空袭礼、淮南高适、青州邓景山四节度掎角救睢阳。巡亡三日而镐至。"张镐时为高适之直属上司,高适乘机请为王昌龄申冤,乃情理中事。《新唐书·王昌龄传》:"张镐按军河南,兵大集,〔谯郡太守闾丘〕晓最后期,将戮之,辞曰:'有亲,乞贷余命。'镐曰:'王昌龄之亲欲与谁养?'晓默然。"则张镐之杀闾丘晓,确有为王昌龄申冤之意。

至德三载(二月改元,复以载为年)**乾元元年戊戌**(758 年)　**五十九岁**

【时事】 李辅国依附淑妃张良娣,势倾朝野。五月,停采访使,改黜陟使为观察使。六月,史思明复反。八月,回纥遣兵助讨安庆绪。十月,史思明大发兵援安庆绪。

春,仍驻扬州。

诗二一二集四《登广陵栖灵寺塔》　诗曰:"远思驻江帆,暮情结春霭。"时在春季。

左除太子少詹事。

《新唐书·高适传》："李辅国恶其才，数短毁之，下除太子少詹事。"

离扬州，过宋州、汴州，至东京洛阳。

诗二一四集六《广陵别郑处士》　诗曰："落日知分手，春风莫断肠。"高适离扬州时在四月。

文三五七《还京次睢阳祭张巡许远文》　文曰："维乾元元年五月日太子詹事御史中丞高适……我辞淮楚，将赴伊洛，途出兹邦，悲缠旧郭。邑里灰烬，城池墟落。"又曰："余亦忝窃，统兹介胄。俄奉短书，至虁狂寇。裹粮训卒，达曙通昼。军乃促程，书亦封奏。遂发趫勇，俾驱鸟兽。将无还心，兵亦死斗。贼党频蹙，我师旋漏。十城相望，百里不救。"言前接巡、远告急之书，即遣精兵赴援，而孤军深入，先胜后败，遂不克有成。强邻坐视不救，言之愤然。

诗二一三集五《古大梁行》　此诗名为咏古，实乃伤今。诗曰："全盛须臾那可论，高台曲池无复存。遗墟但见狐狸迹，古地空余草木根。"全是一片战后残破之景象。若非实地所见，安能作此想象？此诗作于赴洛阳途中。又诗中有"暮天摇落伤怀抱，倚剑悲歌对秋草"之语，似与时令不合，然此当是古乐府诗手法，不足深究。

留司东京，甚闲散。

诗二一二集四《同群公宿开善寺赠陈十六所居》　陈十六即陈章甫。李颀《送陈章甫诗》曰："郑国游人未及家，洛阳行子空叹息。"知陈曾寓洛阳。李颀又有《宴陈十六楼》诗，原注："楼枕金谷。"知陈之寓所在原洛阳西北。杨衒之《洛阳伽蓝记》卷四"城西"："准财里，内有开善寺，京兆人韦英宅也。……〔后〕舍宅为寺。"开善寺唐代犹存，然已远处东郊，地理环境与前小异。高诗曰："驾车出人境，避暑投僧家。"知高已在洛阳定居，而行动阔绰，迥非昔时流浪者身份，知在少詹事任上。

诗二一二集二《同观陈十六〈史兴碑〉》 序曰："楚人陈章甫,继《毛诗》而作《史兴碑》。"《元和姓纂》卷三:"太常博士陈章甫,江陵人。"序又曰:陈诗"善恶不隐,盖国风之流"。说明高适重视文学之褒贬作用。诗曰:"我来观雅制,慷慨变毛发。季主尽荒淫,前王徒贻厥。东周既削弱,两汉更沦没。西晋何披猖,五胡相唐突。"隐喻时事,对衰乱之政局甚感慨。高适屡以"五胡"喻安、史,以西晋比当时政局,集中数见。

诗二一四集八《送李少府贬峡中王少府贬长沙》 高适此诗,优游不迫,落句作"颂圣"语,足征是时已蹿高位;如于未仕前写如是题材,则必借他人之酒杯,浇胸中之垒块,玩前后期之作品自能识之。按高适上年秋尚在扬州,下年秋已在彭州,而诗中透露之送客地点,又不似上述二州,是知此诗亦当作于闲居东京时。

诗二一四集六《送崔功曹赴越》 诗曰:"传有东南别。"明指作诗地点在西北。结联云:"今朝欲乘兴,随尔食鲈鱼。"则是援用晋代张翰弃官回吴故事,说明高适此时已在洛阳任职,语气亦已大不如前。

诗二一四集六《赠别褚山人》 诗中有句云:"洛阳无二价,犹是慕风声。""口不二价"乃京兆韩康卖药长安市时之故实,见《后汉书·逸民传》。高适则称"才术褚先生"为"洛阳无二价",足征其时正在东京也。

诗二一三集五《同鲜于洛阳于毕员外宅观画马歌》 鲜于洛阳即鲜于叔明,亦即李叔明。《新唐书·李叔明传》:"李叔明,字晋,阆州新政人。本鲜于氏。……东都平,拜洛阳令,招徕遗民,号能吏。擢商州刺史,上津转运使,迁京兆尹。"颜真卿于宝应元年五月作《鲜于氏离堆记》云:"叔明时刺商州。"则是鲜于叔明任洛阳令时,乃在至德二载首次收复东京后。高适与之同赴毕员外宅观画马,当在本年下半年内。按鲜于叔明为鲜于仲通之弟。于邵《唐剑南东川节度使鲜于公经武颂》曰:"公名晋,字叔明,渔阳县人也。……粤有高祖父康绍,后牧于阆,解印寓于新政县。洎曾王父与王父因家焉。"(《全唐文》卷四百二十三）韩云卿《鲜于氏里门碑》(陆心源《唐文续拾》卷四)记载亦同。可补新、旧《唐书》之阙误。

杜甫《寄高适》诗曰："北阙更新主，南星落故园。"言肃宗新立，高适又至洛阳任太子少詹事。洛阳为河南府治，杜甫为河南巩县人，故称洛阳为"故园"也。此从乔长阜说，见《杜甫〈望岳〉等写作时间新探》，载《江苏文史研究》总第十三期。诗又曰："定知相见日，烂漫倒芳樽。"盖其时杜甫寓居长安，自有机会与高适相见。

杜甫《寄高三十五詹事适》诗曰："安稳高詹事，兵戈久索居。时来知宦达，岁晚莫情疏。"知距淮楚兵事已久，当是乾元元年年底之作。《新唐书·百官志四上》东宫官"少詹事一人，正四品上"，与前相较，已降一阶，且是时太子李豫随侍西京，高适留守于此，只是看守一座空衙门而已。负"清望官"之名，置闲散之地，故钱谦益《钱注杜诗》曰："婉词以慰之也。"

【附录】　王昌会《诗话类编》卷二十三"诗赏"曰："唐高适官两浙观察使，过杭之清风岭，即诗家东山景也。题诗云：'绝岭秋风已自凉，鹤翻松露湿衣裳。前村月落一江水，僧在翠微闲竹房。'厥后高适阅稿，以月落时江水随潮退，止半江矣，思改'一'字为'半'字。巡至台州，事竣，复登僧房，索笔改之。僧云：'月前有一官过，称此诗佳矣，但"一"字不如"半"字，已改易而去。'高适惊问何人，僧曰：'义乌骆宾王也。'"按骆宾王于灵隐见宋之问，为续"楼观沧海日，门听浙江潮"等句，见孟棨《本事诗·征异》，王氏则将同类情事移之高适。宋、骆之事已属无稽之谈，高、骆之事更为荒唐可笑。骆宾王从徐敬业起事失败，在武后光宅元年，其时高适尚未生，且查高适生平从未至江南任职，凡此均可说明王说之谬。王士禛《香祖笔记》卷五亦已叙及《诗话类编》此说之可笑，并指出所谓高诗乃晚唐任翻之作。

乾元二年己亥（759 年）　六十岁

【时事】　正月,史思明自称大圣燕王于魏州。三月,郭子仪等九节度之兵溃于相州。史思明杀安庆绪。四月,史思明自称大燕皇帝,改范阳为燕京。六月,以裴冕为成都尹,充剑南西川节度使。九月,史思明攻汴州,下之。李光弼弃东京,退守河阳;史思明攻之,迭败。邛、简、嘉、眉、泸、戎等州夷起事。

三月,相州兵败之后,随东京留守诸官南奔襄、邓。

《册府元龟》卷四百四十三"将帅部":"乾元二年三月壬申,〔朔方节度郭〕子仪与河东节度李光弼、关内节度仆固怀恩、河北节度王思礼、河南节度许叔冀、南阳节度鲁炅、江东节度季广琛、兴平节度李奂、平卢节度董秦等九节度与逆贼安庆绪战于相州城下。……庆绪求救于史思明,发魏州来救。李光弼、王思礼、许叔冀、鲁炅遇贼先战,杀伤将半。鲁炅中矢。子仪军承后阵,未及整,忽有大风,扬砂拔木,军中昼晦,咫尺不相辨,师人惊溃,官军大奔,弃甲仗器械,委积道路。子仪等收兵断河阳桥保东京。士庶惊恐,散投山谷。留守崔圆、河南尹苏震、詹事高适、汝州刺史贾至百余人南奔襄、邓。回兵剽劫,官吏不能止,旬日方定。"按九节度使之名,各种文献记载均有小异,《册府元龟》之材料亦仅其中之一说而已。

五月,拜彭州刺史。先至长安朝见肃宗。

高适《酬裴员外以诗代书》曰:"遂除彭门守,因得朝玉阶。激昂仰鹓鹭,献替欣盐梅。"则是高适接到任命之后,曾至长安朝见。《新唐书·食货志一》载肃宗即位后,"北海郡录事参军第五琦以钱谷得见,请于江淮置租庸使,吴盐、蜀麻、铜冶皆有税,市轻货繇江陵、襄阳、上津路,转至凤翔"。高适至长安亦由此路:自襄州(今湖北襄阳)经上津(今湖北郧西县西北上津镇)入武关(今陕西丹凤县附近)至长安。

诗二一四集七《秦中送李九赴越》　此人当即曾在京兆府任职之李九士曹。诗曰:"携手望千里,于今将十年。"盖自天宝十一载至今,已及八年,故有是言。诗又曰:"吴会独行客,山阴秋夜船。谢家征故事,禹穴访遗编。镜水君所忆,莼羹余旧便。归来莫忘此,兼示济江篇。"表明此诗作于任淮南节度使之后。此言"秦中",当指武关西之某地,因诗中有"出关终耿然"之句。按常建有《三日寻李九庄》诗曰:"雨歇杨林东渡头,永和三日荡轻舟。故人家在桃花岸,直到门前溪水流。"人地均合,或作于李九归越后。

赴彭州任。一路山行,甚辛苦。

诗二一四集七《赴彭州山行之作》 诗曰:"路长愁作客,年老更思归。"是时高适已年六十矣。诗又曰"山行应未尽",说明此行出栈道剑阁,是时尚未抵达彭州。彭州在今四川彭州市。

六月初,抵彭州任所。

文三五七《谢上彭州刺史表》 文曰:"臣本野人,匪求名达,始自一尉,曾未十年,北使河湟,南出江汉。奉上皇非常之遇,蒙陛下特达之恩。累登谏司,频历宪府。比逆乱侵轶,淮楚震惊,遂兼节制之权,空忝腹心之寄。……而智不周物,才难适时,俄尘圣听,果速官谤,实谓斧钺可待,流窜在兹,陛下宏覆载之恩,明日月之鉴,始拜宫尹,今列藩条。……臣以今月七日到所部上讫。"按高适于天宝八载秋出仕封丘县尉,今年六月七日抵彭州任所,则是十年尚缺数月。在此期间,先后曾至陇右、河西与淮南,历任左拾遗、监察御史、侍御史、谏议大夫、御史中丞,故云"累登谏司,频历宪府"。其后又任太子少詹事,此即所谓"始拜宫尹"也。殷璠称高适为"〔大理〕评事",则系误记。

秋,与裴霸、杜甫诗文来往。

诗二一一集四《酬裴员外以诗代书》 裴员外即裴霸。高适诗曰:"兄弟真二陆,声名连八裴。"《旧唐书·裴宽传》:"宽性友爱,弟兄多宦达,子侄亦有名称。于东京立第同居,八院相对,甥侄皆有休憩所,击鼓而食,当世荣之。……兄弟八人,皆明经及第,入台省、典郡者五人。"裴霸乃裴宽之侄。《新唐书·宰相世系表一上》"南来吴裴"裴宽兄岐州刺史裴卓二子："腾、户部郎中，霸、吏部员外郎。"《唐郎官石柱题名》记裴霸先后任吏部员外郎与金部员外郎，而李华《三贤论》曰："河东裴腾士举，朗迈真直；弟霸士会，峻清不杂。"李颀有《送裴腾》诗，兼及其弟，凡此均与"真二陆""连八裴"之说相合。高诗"辛酸陈侯诔"句下原注："陈二补阙铭诔即裴所为。"陈二补阙即陈兼，知高、李、陈、二裴均有交往，故辗转有文字往还。又裴腾亦曾任员外之职，李华有《祭裴员外腾》文，云于安禄山之乱中失之，见独孤及《检校尚书吏部员外郎赵郡李公中集序》，知裴腾殁于至德之前。高适此诗叙前后历史甚明，今节录安史乱后之主要经历于下，且略加诠叙。"拥旄出淮甸，入幕征楚材。誓当剪鲸鲵，永以竭弩骀。"指出任淮南节度使事。"小人胡不仁，谗我成死灰。赖得日月明，照耀无不该。"指李辅国进谗言事。此处直斥李辅国为小人，与之抗争甚力。"留司洛阳宫，詹府唯蒿莱。"知任少詹事时驻东京，衙门甚残破。"背河列长围，师老将亦乖。归军剧风火，散卒争椎埋。一夕瀍洛空，生灵悲暴腮。衣冠投草莽，予欲驰江淮。登顿宛叶下，栖遑襄邓隈。城池何萧条，邑屋更崩摧。纵横荆棘丛，但见瓦砾堆。行人无血色，战骨多青苔。"指相州兵败，乱兵掠东京，高与崔圆等南奔襄、邓时事。"遂除彭门守，因得朝玉阶。"言任新职后，赴京朝见事。"驱传及远蕃，忧思郁难排。"则是已抵彭州任所。"朗咏临清秋，凉风下庭槐。"二人往来寄诗时，已至秋季。

杜甫《寄彭州高三十五使君适虢州岑二十七长史参三十韵》诗在秦州作。诗曰："老去才虽尽，秋来兴甚长。"其时杜甫年四十八，已自言老。朱鹤龄《杜工部诗集辑注》："黄〔鹤〕曰：新、旧《史》皆以适由太子少詹事出为蜀州刺史，迁彭州，考公前后诗，有不然者。如适先刺蜀而移彭，则此乃乾元二年秋公在秦州作，何以题云'寄高彭州'？诗有'彭门剑阁外'之句？适为蜀州时寄公诗云'人日题诗寄草堂'，而上元元年人日公未有草堂，当是二年寄之。以此二诗论，则是先刺彭后移蜀也。尝考二史，适以至德二载永王败后为李辅国所短，左授少詹事，则下除当在是年之夏，而公有《寄高詹事》诗云：'安稳高詹事，兵戈久索居。'谓其索居之久，则诗是乾元二年作，是时未出为刺史也。史又云：乾元二年五月贬李峴为蜀州刺史；柳芳《唐历》亦云：适乾元初刺彭，上元初牧蜀；房琯作《蜀州先主庙碑》，载'州将高适建'，末言'公顷自彭迁蜀'，皆与杜诗合，史误其先后耳。"

冬，与旧友李峴、杜甫赋诗酬答。

诗二一三集五《同河南李少尹毕员外宅夜饮时洛阳告捷遂作春酒歌》 河南李少尹即李峴。《旧唐书·李峴传》记峴曾任河南少尹，后累至相位，本年五月辛巳以言事激切触肃宗怒，出为蜀州刺史。高诗曰："故人美酒胜浊醪，故人清词合风骚。长歌满酌惟吾曹，高谈正可挥麈毛。"则是高、李、毕乃故交，李任河南少尹时已与高缔交。此时三人于蜀中相聚，适值洛阳告捷之喜讯传来，情绪遂益发高昂。按李光弼破史思明于洛阳城下，时在十月，此诗之写作时间自明。诗又曰："前年持节将楚兵，去年留司在东京。今年复拜二千石，盛夏五月西南行。彭门剑门蜀山里，昨逢军人劫夺我。到家但见妻与子。赖得饮君春酒数十杯，不然令我愁欲死。"盖是时蜀中甚乱，故居处甚危。毕员外当是寓居彭州之官僚，李峴其时正从蜀州来会。此时李峴之称号当为"蜀州李使君"，然此乃遭贬后之官衔，高适讳言此名，故仍以旧时官名呼之。《四库全书》本《高常侍集》此诗题作"李七少尹"，则是李峴行七。

诗二一四集六《赠杜二拾遗》 杜甫于年底抵成都，寓居城西七里沙门复空所居之草堂寺，高适闻讯后即寄诗问候，故有"传道招提客，诗书自讨论"之句，杜甫随作《酬高使君相赠》诗答谢。

乾元三年(闰四月改元)**上元元年庚子**(760年)　**六十一岁**

【时事】　三月,以李若幽为成都尹、剑南西川节度使。七月,李辅国迁上皇于西内,高力士配流巫州。是年吐蕃陷廓州。　　元结编《箧中集》,录沈千运、于逖等七人诗,以沈千运诗为之冠。

奏上论"西山三城置戍"之疏,主张合东、西川为一道,罢西山三城之戍。

《旧唐书·高适传》:"剑南自玄宗还京后,于梓、益二州各置一节度,百姓劳敝,适因出'西山三城置戍'论之曰……"云云。高适之意,西川数州地接吐蕃,兵役赋税奇重,"今可税赋者,成都、彭、蜀、汉州;又以四州残敝,当他十州之重役,其于终久,不亦至艰!又言利者穿凿万端,皆取之百姓;应差科者,自朝至暮,案牍千重。官吏相承,惧于罪谴,或责之于邻保,或威之以杖罚。督促不已,逋逃益滋,欲无流亡,理不可得"。又"今所界吐蕃城堡而疲于蜀人,不过平戎以西数城矣。邈在穷山之巅,垂于险绝之末,运粮于束马之路,坐甲于无人之乡。以戎狄言之,不足以利戎狄;以国家言之,不足以广土宇。奈何以险阻弹丸之地,而困于全蜀太平之人哉!恐非今日之急务也"。故高适建议曰:"臣愚望罢东川节度,以一剑南;西山不急之城,稍以减削。"此文对西川数州百姓之困苦论叙甚明,史称高适"累为藩牧,政存宽简,吏民便之",当以其对下情有所了解之故。然以减轻百姓负担计,拟罢西山三城之戍,则似缺乏军事远见,因此数戍乃前线要塞,藩屏一撤,则吐蕃可长驱直入,威胁全蜀也。后数年高适御吐蕃失败,即由此故。《高适传》称"疏奏不纳"。《册府元龟》卷五百三十三"谏诤部"记此疏作于"高适为彭州刺史时"。《白氏六帖》卷二十四"市二、互市、羌互市格"引"金部格"云:"敕松、当、悉、维、翼等州熟羌每年十月已后即来彭州互市易。法,时差上佐一人,于蚕崖关外依市法致市场交易,勿令百姓与往还。"欧阳忞《舆地广记》卷三十记导江县"有蚕崖关,以扼西山之走集"。说明彭州乃剑南腹地与西边少数民族之接触前哨,彭州地方官吏自然负有了解西山外少数民族动静之责任。"三城之戍"问题,必然引起高适之注意。此文《全唐文》作《请罢东川节度使疏》。杜甫有《为阆州王使君进论巴蜀安危表》,持论亦同。

秋,杜甫寄诗求助。

杜甫《因崔五侍御寄高彭州一绝》云:"百年已过半,秋至转饥寒。为问彭州牧,何时救急难?"当是本年七月事。杜甫以兄弟情谊求助,足征二人交情非同一般。高适当立即有所表示。按王维有《送崔五太守》诗,崔乃至益州任职者,或即此崔五侍御。

九月,转蜀州刺史。

杜甫《奉简高三十五使君》诗曰:"当代论才子,如公复几人?骅骝开道路,鹰隼出风尘。行色秋将晚,交情老更亲。天涯喜相见,披豁对吾真。"此时杜甫已由新津至蜀州,高适则由彭州来赴新职,二人于蜀州再次相聚,故称"天涯喜相见"也。蜀州在今四川崇州市。

上元二年(九月去年号,但称)元年辛丑(761 年)　六十二岁

【时事】　二月,以崔光远为成都尹、剑南西川节度使。三月,史朝义与部将杀其父史思明,即位。四月,梓州刺史段子璋反,陷绵州,自称梁王,进陷剑州。五月,东、西川兵破段子璋,事平。八月,加李辅国兵部尚书。十二月,以严武为成都尹兼御史大夫充剑南西川节度使,摄东川节度使。　王维卒,年六十一。

人日题诗寄杜甫。

诗二一三集五《人日寄杜二拾遗》　杜甫《追酬故高蜀州人日见寄》诗序曰:"开文书帙中,检所遗忘,因得故高常侍适——往居在成都时,高任蜀州刺史——《人日相忆见寄》诗。泪洒行间,读终篇末。"按高适上年年初尚在彭州,此诗定当作于本年正月七日。杜诗又曰:"自枉诗已十余年,莫纪存殁又六七年矣。……大历五年正月二十一日,

却追酬高公此作。"高适卒于永泰元年,距杜甫酬诗实相距六年,而杜甫《人日》诗距高适赠诗则相距十年,二人真可谓"绸缪到生死"者矣。高适赠诗情意殷勤,杜甫则对"忘形故人"之死感念湛深。

夏,率兵助崔光远讨平段子璋。

《资治通鉴》上元二年四月"壬午,梓州刺史段子璋反。子璋骁勇,从上皇在蜀有功,东川节度使李奂奏替之,子璋举兵,袭奂于绵州。道过遂州,刺史虢王巨苍黄修属郡礼迎之,子璋杀之。李奂战败,奔成都,子璋自称梁王,改元黄龙,以绵州为龙安府,置百官,又陷剑州"。五月"乙未,西川节度使崔光远与东川节度使李奂共攻绵州。庚子,拔之,斩段子璋"。《旧唐书·高适传》:"后梓州副使段子璋反,以兵攻东川节度使李奂,适率州兵从西川节度使崔光远攻子璋,斩之。"

冬,与王抡同至杜甫草堂作客。

杜甫有《王十七侍御抡许携酒至草堂奉寄此诗便请邀高三十五使君同到》诗,约王、高二人至草堂作客。此时王在成都,当在剑南西川节度幕内供职,高适其时因事亦在成都,故同邀至草堂作客。杜甫有《哭王彭州抡》诗,知王抡官终彭州刺史。《旧唐书·高适传》:"西川牙将花惊定者,恃勇,既诛子璋,大掠东蜀。天子怒光远不能戢军,乃罢之,以适代光远为成都尹、剑南西川节度使。"误。钱谦益《钱注杜诗》注《八哀诗》引赵抃《玉垒记》曰:"上元二年,东剑段子璋反,李奂走成都。崔光远命花惊定平之;纵兵剽掠士女,至断腕取金。监军按其罪。冬十月,恚死。其月廷命严武。"则是代崔光远者实为严武。高适仍任原官蜀州刺史,故杜甫以"使君"呼之。

杜甫《王竟携酒高亦同过》诗末联曰:"移樽劝山简,头白恐风寒。"原注:"高每云:汝年几小,且不必小于我。"按是年高适已届六十二岁,杜甫小高适十二岁,是年亦已五十。高适身体素壮健,杜甫《送高三十五书记》曰:"高生跨鞍马,有似幽并儿。"而杜甫于是年前后已一再言老,故高有"不必小于我"之说。此处乃相互调侃之意。浦起龙《读杜心解》曰:"结联高以老戏公,公亦以老答戏也。"最是。

回蜀州。杜甫已先至,以诗迎之。其时杜甫屡赴蜀州依高适。

杜甫有《李司马桥成承高使君自成都回》诗,与上数诗合观,知高、杜晚年情好甚洽。按杜甫寓成都时,借友人资助为生,高适于是年前后任蜀州刺史,此地东北距成都才百余里,故杜甫屡赴蜀州依之。祝穆《方舆胜览》卷五十二"崇庆府·祠庙":"杜工部祠:在江源县,邑宰赵抃建。昔杜甫依高适,寓于此。颇多题咏,故为立祠。"按宋之江源县即唐之唐兴县,属蜀州辖下,位于州治东南。

元年(建巳月改元)代宗李豫宝应元年壬寅(762年) 六十三岁

【时事】 建巳(四)月,玄宗、肃宗相继卒。李辅国杀皇后张氏(即张良娣),引太子即位,是为代宗。号辅国为尚父。五月,以李辅国为司空兼中书令。六月,解李辅国兵柄,以宦官程元振代之。七月,召还严武,以为二帝山陵桥道使,旋为黄门侍郎。九月,回纥举兵入援。十月,克东京。回纥纵兵大掠,死者万数,朔方、神策军亦所至虏掠。李辅国为人暗杀。 李白卒,年六十二。吕諲卒。

七月,剑南兵马使徐知道乘严武离职之机,联合邛州羌人,反。阻严武回京。高适乃于蜀州出兵,击徐知道。

《资治通鉴》宝应元年七月"癸巳,剑南兵马使徐知道反,以兵守要害,拒严武,武不得进"。八月"己未,徐知道为其将李忠厚所杀,剑南悉平"。按《资治通鉴》记严武"三掌华阳"事多舛误;此时严武不得出蜀,非"不得进"也。杜甫《草堂》诗曰:"大将赴朝廷,群小起异图。中宵斩白马,盟歃气已粗。西取邛南兵,北断剑阁隅。布衣数十人,亦拥专城居。其势不两大,始闻蕃汉殊。西卒却倒戈,贼臣互相诛。焉知肘腋祸,自及枭獍徒。"叙述徐知道事始末最详。

文三五七《贺斩逆贼徐知道表》 表称徐知道为"前成都少尹兼侍

御史,伪称成都尹兼御史中丞、剑南节度使"。又曰:"臣与邛南邻境,左右协心,积聚军粮,应接师旅。以今月二十三日大败贼众。同恶翻然,共杀知道。"知徐知道反时,高适尚在蜀州刺史任上。

宝应二年(七月改元)广德元年癸卯(763 年)　六十四岁

【时事】　正月,史朝义自缢死。安史之乱告一结束。闰月,回纥归国,所过抄掠,无所忌惮。七月,吐蕃入大震关,陷兰、廓、河、鄯、洮、岷、秦、成、渭等州,尽取河西、陇右之地。自凤翔以西,邠州以北,皆陷没。十月,吐蕃掠泾州,攻邠州、奉天、武功,代宗命雍王适为关内元帅,郭子仪为副元帅以御之。代宗东走陕州。吐蕃入长安。越十二日,郭子仪兵至,吐蕃遁去。十二月,代宗还长安。吐蕃陷松、维、保三州,于是剑南西山诸州皆入于吐蕃。

文三五七《贺收城表》　文曰:"闰正月十六日中使郭罗至:伏奉敕书,示臣圣略,收复瀍洛,扫殄凶徒。"此时高适当已至成都代严武。或朝廷旌节未至,故正式就职在后。

二月,就任剑南西川节度使,摄东川节度使。杜甫欲回成都依之,后未成行。

文三五七《谢上剑南节度使表》　剑南自至德二载起分东、西川二道。杜甫《严中丞枉驾见过》诗曰:"川合东西瞻使节。"诗题下原注:"严自东川除西川,敕令两川都节制。"高适除剑南节度使代严武,辖区与职权全同。表文曰:"况全蜀奥区,非贤勿守;方面重寄,择善而从。"可证其时仍都节制两川也。然严武入京在去年九月,高适迟至本年二月初始正式就职,表文曰:"臣往在淮阳,已无展效,出临彭、蜀,又乏循良。""……即以二月二日上讫。"当以徐知道乱后,四处多不宁,朝廷发表接任人员较后,故隔数月之久始就任剑南节度使。按西川亦为经济繁荣之区。洪迈《容斋随笔》卷九"唐扬州之盛"条引唐"谚称'扬一益二',谓天下之盛,扬为一而蜀次之也"。高适选镇二地,均为政治经济非常重要之区。中、晚唐时任此二职者世称雄藩。

文三五七《请入奏表》　文曰："右自徐知道作乱,军府略空,救弊扶伤,事资安辑。臣夙夜陈力,启处不遑。伏以二陵攀号,臣未修壤奠;万方有主,臣未睹天颜。……特望圣恩,许臣入奏。"徐知道乱后,成都大受骚掠。杜诗中可见。高适此表当作于就任节度使后不久。

《旧唐书·杜甫传》言"乃游东蜀,依高适,既至而适卒"。事出有因,然时地均有误。

幕下有班宏,以处理疑难事立功。

《旧唐书·班宏传》:"……又为高适剑南观察判官,累拜大理司直,摄监察御史。时青城山有妖贼张安居以左道惑众,事觉,多诬引大将,冀以缓死,宏验理而速杀之,人心乃安。"按青城山为张道陵栖隐之地,张安居与道教之关系如何?"惑众"之目的何在?史料不足,难以断言,姑存于此,以俟分析。班宏为代宗、德宗朝显宦。《新唐书》亦有传。

夏起,西川局势日趋紧急。高适专驻剑南西川节度辖区。东川置留后,由梓州刺史章彝充任。

杜甫《警急》诗原注:"时高公适领西川节度。"杜甫春季在梓州等地,与梓州刺史李某、杨某酬答,此时尚无留后之置。夏作《陪章留后侍御宴南楼》诗,知自夏起东川已置留后一职,由严武原判官、梓州刺史兼侍御史章彝充任。剑南东、西川之分合最为缴绕,旧史记载不详,且多矛盾,今依高、杜二家诗文,参之史传,辨析如上。高适此时之官衔与职权,据《新唐书·方镇表四》,全称为"剑南西川节度支度营田观察处置等使兼成都尹御史大夫",领成都府、彭、蜀、汉、眉、邛、嘉、嶲、黎、戎、维、茂、雅、合、文、扶、姚、奉、霸、果、松、当、悉、柘、翼、恭、静、环、真等州及保宁都护府。又《旧唐书·地理志一》:"剑南节度使,西抗吐蕃,南抚蛮獠,统团结营及松、维、蓬、恭、雅、黎、姚、悉等八州兵马,天宝、平戎、昆明、宁远、澄川、南江等六军镇。"

秋至冬初，练兵备战，准备抗击吐蕃。时国势危殆，高适对政局极为愤懑。

诗二一二集四《登百丈峰二首》　《旧唐书·地理志四》载剑南道雅州有百丈县，县"有百丈山。武德置百丈镇。贞观八年，改镇为县"。《元和郡县志》卷三十二剑南道中、西川下、雅州百丈县："贞观八年，于此置百丈县。今按镇城东有百丈穴，故以为名。"顾祖禹《读史方舆纪要》卷七十二雅州名山县："〔百丈废县〕明初废，今为百丈驿，有百丈桥。"曹学佺《蜀中名胜记》卷十四雅州名山县："本志云：百丈河在东北六十里，源自莲花山来，经百丈驿，东与邛水合流，至新津入白马河。"按是地均以"百丈"取名，则百丈峰当是百丈山之巅，其地在剑南道之西陲。高适时任剑南西川节度使，巡边至此，感时而作。是时安、史之乱方平，吐蕃、回纥又时来骚扰。京畿腹地，战乱频仍，国无宁日，势甚危殆。推原其始，不得不归罪于玄宗、肃宗二代，故诗曰："晋武轻后事，惠皇终已昏。"《资治通鉴》至德二载："初，上欲速得京师，与回纥约曰：'克城之日，土地、士庶归唐，金帛、子女皆归回纥。'"《旧唐书·回纥传》："初，收西京，回纥欲入城劫掠，广平王固止之。及收东京，回纥遂入府库收财帛，于市井村坊剽掠三日而止，财物不可胜计，广平王又赍之以锦罽宝贝。"本年初回纥又大掠东、西京与汝、郑等州，则是中原残破，均与肃宗昏庸有关。此诗当作于冬初，诗言"唯见鸿雁飞"可证。其时吐蕃陷长安，代宗逃避在外，故诗又曰："豺狼塞瀍洛，胡羯争乾坤。四海如鼎沸，五原徒自尊。而今白庭路，犹对青阳门。朝市不足问，君臣随草根。"雅州为与吐蕃接壤之前哨阵地。乐史《太平寰宇记》卷七十七雅州严道县："和川路，在县界西，去吐蕃大渡河五日程。从大渡河西郭至吐蕃松城四日程。羌蛮混杂，连山接野，鸟路沿空，不知里数。"又卢山县："灵关路，在县界，去蕃界八日程。从界去吐蕃野城三日程。其险也，以绳为桥，其外不知里数。"又蜀地沿西山北上，有大道通河西，此道亦是吐蕃出入之所，故诗之一曰："朝登百丈峰，遥望燕支道。汉垒青冥间，胡天白如扫。"参看冯汉镛《唐五代时剑南道的交通路线考》，载《文史》十四辑。此处需申辩者，"伯三八六二敦煌高适诗集残卷"录此二诗，题为《武威作》，或有误。此三字殊不类诗题。高适于河西时，安史之战未起，缺乏产生此诗之时代背景。且诗之一首句云"南登百尺山"，"尺"字亦不可解。疑录诗者本未睹篇名，此题乃依第一首诗诗意自拟。

冬，攻吐蕃，作为关内主要战场之侧翼，牵制吐蕃兵力。战败，西山诸州陷落。

《旧唐书·高适传》："代宗即位，吐蕃陷陇右，渐逼京畿。适练兵于蜀，临吐蕃南境以牵制之。师出无功，而松、维等州寻为蕃兵所陷。"

《资治通鉴》广德元年十二月："吐蕃陷松、维、保三州及云山新筑二城，西川节度使高适不能救，于是剑南西山诸州亦入于吐蕃矣。"此举实为高适毕生一大失败，甚失时望，杜甫亦有《王命》《征夫》《西山》诸诗表示不满。《新唐书·高适传》言："适尚节义，语王霸衮衮不厌。遭时多难，以功名自许，而言浮其术，不为搢绅所推。"说明高适仍未脱尽文人习气，论议有馀，实际办事能力不足。杜甫于广德二年作《东西两川说》曰："顷三城失守，罪在职司，非兵之过也，粮不足故也。"高适出任彭州刺史时即已察觉粮食问题之重要，而卒无法补救，能言不能行，乃有此次失败，而"为大臣所轻"。

广德二年甲辰(764 年)　六十五岁

【时事】　正月，合剑南东、西川为一道，以黄门侍郎严武为节度使。仆固怀恩反。九月，严武破吐蕃七万众，拔当狗城。十月，又拔吐蕃盐川城。仆固怀恩引回纥、吐蕃入寇，进逼奉天，京城戒严。诏郭子仪出镇奉天。怀恩等退。苏涣登进士第。

正月，以严武为节度使。召高适回京，任刑部侍郎，转散骑常侍。

《资治通鉴》广德二年正月"癸卯，合剑南东、西川为一道，以黄门侍郎严武为节度使"。癸卯为五日。《唐会要》卷七十八："广德二年正月八日，〔剑南〕合为一道。"二书记载相距三日。《旧唐书·高适传》："代宗以黄门侍郎严武代还，用为刑部侍郎，转散骑常侍，加银青光禄大夫，进封渤海县侯，食邑七百户。"散骑常侍为职事官。左散骑常侍属门下省，《新唐书·百官志二》："左散骑常侍二人，正三品下。掌规讽过失，侍从顾问。"银青光禄大夫为文散官，从三品；渤海县侯为封爵，从三品；并见《旧唐书·职官志一》。高适自任淮南节度使起，官位即已显赫，故《旧唐书·高适传》曰："有唐已来，诗人之达者，唯适而已。"然高适于剑南兵败之后，调为京官，至是反而又升一阶，似难索解；实则散骑常侍一职于唐代之前固为参与机要之内廷要职，然同列之通直散骑常侍、员外散骑常侍因常用衰老人士，已为仕者所轻，自唐之后，散骑常侍一职更成安置罢退大臣之名位，盖崇其爵禄而置诸闲散，聊示统治者之所谓恩荣而已。钱易《南部新书》辛卷："开元已后鄙常侍。拜此官者，朝中谓之貂脚也。"

杜甫作《奉寄高常侍》诗，一作《寄高三十五大夫》，则是高适任剑南西川节度使时已兼御史大夫。高适还京时，杜甫尚未回成都，不及送行，故寄诗叙别情。高、杜早年于汶上结识，至此分手，虽一显一晦，然情好甚笃。诗颈联曰："今日朝廷须汲黯，中原将帅忆廉颇。"上句推重高适骨鲠，下句推重高适武功。《史记·汲黯传》曰："淮南王谋反，惮黯，曰：'好直谏，守节死义，难惑以非。'"联系下句读之，则是杜甫对其统兵东南讨伐永王璘事颇有美言。然自钱谦益起，史家以为彼时文坛有派系之分：杜甫依从房琯，故属玄宗一党；高适反对诸王分镇，故属肃宗一党。二人隔阂甚深，西川聚首之时仍然。此说不合事实，前此叙二人交往已可概见，读此诗后，益见其纯出臆断矣。诗结联曰：

"天涯春色催迟暮，别泪遥添锦水波。"则是年老伤别，眷怀故人，遥望北天，临风洒泪，至为沉痛。按黄鹤《补注杜诗》定高适于三月还朝，可信；亦有可能于二月动身。

佞佛愈甚。于紫阁峰结茅舍隐居，过居士生活。

刘长卿《秋夜有怀高三十五适兼呈空上人》诗曰："晚节逢君趣道深，结茅栽树近东林。吾师几度曾摩顶，高士何年遂发心？北渚三更闻过雁，西城万里动寒砧。不见支公与玄度，相思拥膝坐长吟。"知高适晚年佞佛之甚，已无异于释子。空和尚即不空和尚，天宝十三载于河西为高适灌顶，彼时即有交往，此时又在京师相聚，过往当更为密切。高适晚年勋位已高，然驻长安之时间不多，结茅栽树谋定居，只能于是年入京之后。东林为彼时著名之精舍。韦应物《答东林道士》曰："紫阁西边第几峰？茅斋夜雪虎行踪。"知在紫阁峰之西。张礼《游城南记》曰："紫阁之阴即渼陂，杜甫诗曰'紫阁峰阴入渼陂'是也。"其地在今西安市鄠邑区，长安郊外风景优美之区。又韦应物有《紫阁东林居士叔缄赐松英丸捧对忻喜盖非尘侣之所当服辄献诗代启》诗，亦可参证。刘诗一说为皇甫冉作。

【附录】《全唐文》卷三百五十七《高适集》载《皇甫冉集序》一文，实非高作。此文原载《唐诗纪事》卷二十七，题曰"高仲武云……"，故误入高适集中。按独孤及《毗陵集》卷十三《唐故左补阙安定皇甫公集序》言皇甫冉终年五十四岁，是为大历三年，高适已前殁多年，何缘叹息皇甫冉之"芳兰早凋"？

永泰元年乙巳（765 年）　六十六岁

【时事】　四月，严武卒，年四十。

正月，卒。

《旧唐书·代宗纪》永泰元年正月"乙卯，左散骑常侍高适卒"。按乙卯为二十三日。永泰元年正月二十三日当公元七百六十五年二月十七日。

《旧唐书·高适传》:"永泰元年正月卒,赠礼部尚书,谥曰忠。"

杜甫《闻高常侍亡》诗曰"归朝不相见",言高适还朝时不能面别。"蜀使忽传亡",言老友之死殊出意外。"致君丹槛折",言高适论谏有素。《旧唐书·高适传》言"适负气敢言,权幸惮之","李辅国恶适敢言,短于上前"。故屡遭压抑也。杜诗又云"独步诗名在",则是推崇其文学上之高度成就。此诗实有盖棺论定之性质。

有文集二十卷。传世者已非原本。

《旧唐书·高适传》:"有文集二十卷。"《新唐书·艺文志》载"《高适集》二十卷",知北宋中期尚无散佚,而王尧臣等纂《崇文总目》,载《高适文集》十卷,则已有另一种本子,非佚存其半也。《郡斋读书志》于十卷之外,复多《集外文》二卷,《别诗》一卷,知南宋时已有搜集遗文者矣。明、清二代诸家目录虽仍偶见二十卷本之记载,惜至今日均已亡佚。焦竑《国史经籍志》卷五载"《高适集》二十卷",不知是否实有其书?孙星衍《廉石居藏书记》内篇卷上载"《高常侍集》二十卷,明刻本",而据介绍,似与十卷本无甚出入。近代流传之本,虽分卷多寡不同,然篇目出入不大,即如一般认为版本较佳之《四部丛刊》本《高常侍集》(据明铜活字本影印),其中《重阳》一诗,原出程俱《北山小集》卷九(原作题名《九日写怀》。俱字致道,《宋史》有传。《锦绣万花谷》前集卷四"重阳"引诗"岂有白衣来剥啄"四句,署名正作程致道。《后村千家诗》卷四误以为高适之作,后世编集高诗者多沿其误);《感五溪荠菜》一诗,原为高力士作,见郭湜《高氏外传》与郑处诲《明皇杂录》;《听张立本女吟》一诗,原出《太平广记》卷四百五十四引《会昌解颐录》。而从"敦煌唐诗选残卷""敦煌高适诗集残卷"中,发现高适佚诗四首;《唐诗纪事》卷二十二中,亦有《赠任华》逸诗一首:知高集残佚甚多,后人编集时又甚草率,羼入他人之作,故传世之本,当与原本有较大出入。《全唐诗》本向不为人重视,内容实比一般版本为佳,以其多出逸诗数首,且保存高诗原注,可作知人论世之助。《全唐诗》本源出季振宜《全唐诗》,季书出于钱谦益汇辑唐诗残稿,而钱氏所辑初、盛唐诗部分又据万历年间吴琯等人所刊之《唐诗纪》编入。若将诸书比勘,可证《全唐诗》本与《唐诗纪》中之高适部分几全同。《唐诗纪》"凡例"称:"是编多本人原集或金石遗文。……是编校订先主宋版诸书,以逮善本。有误斯考,可据则从,其疑仍阙,不敢臆断,以俟明者。"足征此书编集时态度郑重,颇可信据。

宋元时人有高适选《中兴间气集》之说,与事实不合。

《唐才子传》卷二曰:"适,字达夫,一字仲武。""今有诗文等二十卷,及所选至德迄大历述作者二十六人诗为《中兴间气集》二卷,并传。"此说宋代即已传播,故陆游曾起而驳正。《渭南文集》卷二十七《跋中兴间气集》曰:"高适,字仲武。此集所谓高仲武,乃别一人名仲武,非适也。"陆氏辨高适非《中兴间气集》作者,结论诚是,然欠论据。高适殁于永泰元年,已与高仲武自序《中兴间气集》"终于大历暮年"之说不合。且此书录有苏涣诗数首,小序提及岭南起事,而苏涣从哥舒翰次子哥舒晃反,时在大历八年,亦可用以证明高适选《集》说之误。

附

《唐才子传·高适传》笺

適字达夫,一字仲武,沧州人。

高適,两《唐书》有传,见《旧唐书》卷一一一、《新唐书》卷一四三。

按李华《三贤论》(见王定保《唐摭言》卷七、《文苑英华》卷七四四、《全唐文》卷三一七)、《新传》、计有功《唐诗纪事》卷二三高適条、陈振孙《直斋书录解题》卷一六别集类上《高常侍集》提要均称高適字"达夫",唯晁公武《郡斋读书志》(袁州本)卷四上集部别集类上《高適集》之提要曰:"右唐高適达夫也,又字仲武,渤海人。"此当为《才子传》之所本。按高仲武乃《中兴间气集》一书之编者,亦为渤海人,宋、元时人乃有高適编选《中兴间气集》之传说,且附会出高適"一字仲武"之误说。

高適之籍贯,殊难断言。《旧传》曰"渤海蓨人",《新传》则曰"沧州渤海人",其后《唐诗纪事》亦曰"沧州人",《才子传》说同后者。按唐无渤海郡之设置,蓨如为县名,则当属德州,地当今之河北景县。渤海如为县名,则当属棣州,地当今之山东滨州市滨城区。可知新、旧《唐书》之说,均与唐代郡县设置之实际情况不合。实则《旧传》云"渤海蓨人",乃指高適之郡望而言;《新传》云"沧州渤海人",乃混合新旧地名言之。沧州即渤海地。《元和郡县图志》卷一七"蓨县"下云:"本汉条县,即条侯国也。景帝封周亚夫为条侯。汉条县属信都国,后汉属渤海郡。晋改'条'为'脩'。隋开皇三年废渤海郡,属冀州。五年改脩县为蓨县,属观州。皇朝武德初亦属观州,贞观十七年观州废,改属德州。"同书卷一八"沧州"下曰："后魏孝明帝熙平二年，分瀛州、冀州置沧州，以沧海为名。隋大业二年罢州，为渤海郡。武德元年改为沧州。"可证新、旧《唐书》所记地名虽有不同，实指同一地区。《旧传》用前代地名呼之，乃沿袭汉魏以来称郡望之旧习。敦煌石室写本唐贞观《氏族志》残页记高氏为"渤海郡"四姓之一，唐人最重族望，故高适同时友辈每举此名呼之，如《三贤论》曰："渤海高适达夫，落落有奇节。"然查高适现存诗文，对渤海旧地之情况一无记叙，《淇上酬薛三据兼寄郭少府微》(《全唐诗》卷二一一)诗曰"天长沧州路"，对此亦无特别提示。是知高适或从未居住过沧州。

又考高适生平，诗文中无自叙世系之作，史传中亦无系统记载，唯《旧传》曰："父从文，位终韶州长史。"而据《千唐志斋藏石》中收纳之《大唐前益州成都县尉朱守臣故夫人高氏墓志》，知高适乃高宗时名将高偘之孙，父崇文，韶州长史，可与《旧传》之说互证。"崇文"即"从文"也。

又高适早年随父旅居岭南，《饯宋八充彭中丞判官之岭南》(《全唐诗》卷二一四)、《送柴司户充刘卿判官之岭外》(同上卷二一四)二诗于南方之情状均有所描述。此一阶段高适亦曾至福建，《送郑侍御谪闽中》诗(同上卷二一四)曰"闽中我旧过"可证。二十岁左右至五十岁之前，则在商丘安家。中间数度客游，后仍回宋中居住，且出仕之时仍在睢阳郡，然此地亦非高适原籍。《四库全书总目》卷一四九集部别集类二《高常侍集》提要曰："《河间府志》据其《封丘县》诗'我本渔樵孟诸野'句，又《初至封丘》诗有'去家百里不得归'句，定为梁、宋间人。然集中《别孙沂》诗题下又注'时俱客宋中'，则又非生于梁、宋者。《志》所辨，似亦未确。考唐代士人多题郡望，史传亦复因之，往往失其里籍。……适集既无定词，则亦阙疑可也。"

少性拓落，不拘小节。耻预常科。隐迹博徒，才名便远。

殷璠《河岳英灵集》卷上高适名下评曰："评事性拓落，不拘小节。

耻预常科。隐迹博徒，才名自远。"《才子传》之文本此。高适《谢上彭州刺史表》（《全唐文》卷三五七）中自云"累登谏司，频历宪府"，先后曾任左拾遗、监察御史、侍御史、谏议大夫、御史中丞、御史大夫等职，然未尝于大理寺任职，殷璠称为〔大理〕评事，则系误记。《旧传》曰："适少濩落，不事生业。家贫，客于梁、宋，以求丐取给。"《新传》曰："少落魄，不治生事。"其说均同。

后举有道，授封丘尉。未几，哥舒翰表掌书记。

《新传》曰："宋州刺史张九皋奇之，举有道科中第。调封丘尉，不得志，去客河西，河西节度使哥舒翰表为左骁卫兵曹参军，掌书记。"《旧传》略同。考高适尝屡赴长安应试，《别韦参军》（《全唐诗》卷二一三）诗曰："二十解书剑，西游长安城。举头望君门，屈指取公卿。……白璧皆言赐近臣，布衣不得干明主。"郁郁而归梁宋，是时当在开元七年（719年）。开元二十三年（735年）乙亥，又征诣长安，《酬秘书弟兼寄幕下诸公》（同上卷二一一）诗序曰："乙亥岁，适征诣长安。"《册府元龟》卷六四五《贡举部·科目》："（开元）二十三年正月诏：其或才有王霸之略，学究天人之际，智勇堪将帅之选，政能当牧宰之举者，五品以下清官及军将、都督、刺史各举一人，孝悌力田乡间推挽者，本州刺史长官各以名闻。"而是年有举王霸科、智谋将帅科、牧宰科者若干人，高适应何科试不明，当以落第之故。李颀《答高三十五留别便呈于十一》（《全唐诗》卷一三三）诗曰"累荐贤良皆不就"，可知高适曾数度被荐应贡举，然均未有成。后举有道科时，已在天宝八载（749年）。《郡斋读书志》（袁州本）卷四上《高适集》提要曰："天宝八年，举有道科中第。"高适《答侯少府》（《全唐诗》卷二一一）诗曰："常日好读书，晚年学垂纶。漆园多乔木，睢水清粼粼。诏书下柴门，天命敢逡巡？赫赫三伏时，十日到咸秦。褐衣不得见，黄绶翻在身。"即指授封丘尉事。又高适《让封丘县尉表》（《全唐文》卷三五七）曰："臣艺业无取，谬当推荐，自天有命，追赴上京。曾未浃旬，又拜臣职。"其后乃于秋凉时赴封丘任职。然高适对此职务颇为不满，《封丘作》（《全唐诗》卷二一三）有云："我本渔樵孟诸野，一生自是悠悠者。乍可狂歌草泽中，宁堪作吏风尘下？只言小邑无所为，公门百事皆有期。拜迎官长心欲碎，鞭挞黎庶令人悲。"此时已萌去职之念。天宝九载（750年），送兵清夷军，目睹幽州境内之现状，对安禄山之统治极为憎恶。十载（751年）回封丘，仍对县尉生活不满，乃于天宝十一载（752年）秋去职抵长安，与杜甫等众文士唱酬甚密。

天宝十二载（753年），得哥舒翰僚佐田良丘推荐，赴河西幕府谒哥舒翰，不遇，转至陇右，始为入幕之宾。杜甫《赠田九判官梁丘》诗曰："陈留阮瑀谁争长，京兆田郎早见招。麾下赖君才并美，独能无意向渔樵？"仇兆鳌注曰："阮瑀指高适。适本封丘尉，与陈留相近。他章云'好在阮元瑜'可证。高之入幕，必由田君所荐，故云'早见招'而幕下赖之。"（《杜诗详注》卷三）是时高适有《自武威赴临洮谒大夫不及因书即事寄河西陇右幕下诸公》诗（伯二五五二敦煌唐诗选残卷），叙此行经过甚详。《资治通鉴》（卷二一七）天宝十三载三月："哥舒翰亦为其部将论功……翰又奏……前封丘尉高适为掌书记。"自此高适仕途显豁，结束前此之艰辛生活矣。

后擢谏议大夫。负气敢言，权近侧目。

《新传》曰："禄山乱，召翰讨贼，即拜适左拾遗，转监察御史，佐翰守潼关。翰败，帝问群臣策安出？适请竭禁藏募死士抗贼，未为晚，不省。天子西幸，适走间道及帝于河池。"因言潼关败亡之由，言甚激烈，"帝颔之。俄迁侍御史，擢谏议大夫。负气敢言，权近侧目。"《才子传》之说本此。《旧传》略同，惟叙拜官之事颇详，文曰："至成都，八月，制曰：'侍御史高适，立节贞峻，植躬高朗，感激怀经济之略，纷纶赡文雅之才。长策远图，可云大体；谠言义色，实谓忠臣。宜回纠逖之任，俾超讽谕之职。可谏议大夫,赐绯鱼袋。'"此制文出贾至手笔,见《文苑英华》卷三八一。时贾至任中书舍人、知制诰。

李辅国忌其才。

《新传》曰:"帝以诸王分镇,适盛言不可。俄而永王叛,肃宗雅闻之,召与计事,因判言王且败,不足忧。帝奇之,除扬州大都督府长史、淮南节度使,诏与江东韦陟、淮西来瑱率师会安陆,方济师而王败。李辅国恶其才,数短毁之,下除太子少詹事。"《旧传》略同。高适有《酬裴员外以诗代书》(《全唐诗》卷二一一)一长诗,叙生平事迹甚详,"拥旄出淮甸……"下有句云:"小人胡不仁,谗我成死灰。赖得日月明,照耀无不该。"即指李辅国之短毁而言。此处直斥之曰"小人",与之抗争甚力。

蜀乱,出为蜀、彭二州刺史,迁西川节度使。

高适于乾元元年(758 年)左除太子少詹事,留守东京,甚闲散,杜甫有《寄高三十五詹事适》一诗婉辞以慰之。乾元二年(759 年)三月,九节度使与史思明战于相州,兵败,高适乃与东京留守诸官南奔襄、邓。五月,拜彭州刺史,先至长安朝见肃宗,六月初,始抵彭州任所,有《谢上彭州刺史表》(《全唐文》卷三五七)叙此事。上元元年(760 年)九月,转蜀州刺史;宝应二年(763 年)二月,就任剑南西川节度使,摄东川节度使,有《谢上剑南节度使表》(《全唐文》卷三五七)叙此事。《新传》于"下除太子少詹事"后曰:"未几蜀乱,出为蜀、彭二州刺史。……梓屯将段子璋反,适从崔光远讨斩之,而光远兵不戢,遂大略,天子怒,罢光远,以适代为西川节度使。"《旧传》同。《才子传》即据二史本传之文言之。然传文有误,亟需改正。一为"蜀、彭"二地误倒。按杜甫有《寄彭州高三十五使君适虢州岑二十七长史参三十韵》,朱鹤龄《杜工部诗集辑注》曰:"黄(鹤)曰:新、旧史皆以适由太子少詹事出为蜀州刺史,迁彭州,考公前后诗,有不然者。如适先刺蜀而移彭,则此乃乾元二年秋公在秦州作，何以题云'寄高彭州'？诗有'彭门剑阁外'之句？适为蜀州时寄公诗云'人日题诗寄草堂'，而上元元年人日公未有草堂，当是二年寄之。以此二诗论，则是先刺彭后移蜀也。尝考二史，适以至德二载永王败后为李辅国所短，左授少詹事，则下除当在是年之夏，而公有《寄高詹事》诗云：'安稳高詹事，兵戈久索居。'谓其索居之久，则诗是乾元二年作，是时未出为刺史也。史又云：'乾元二年五月贬李峘为蜀州刺史'；柳芳《唐历》亦云：适乾元初刺彭，上元初牧蜀。房琯作《蜀州先主庙碑》，载'州将高适建'，末言'公顷自彭迁蜀'，皆与杜诗合，史误其先后耳。"二为上元二年代崔光远者实为严武，钱谦益《钱注杜诗》卷七注《八哀诗》引赵抃《玉垒记》曰："上元二年，东剑段子璋反，李奂走成都。崔光远命花惊定平之；纵兵剽掠士女，至断腕取金。监军按其罪。冬十月，恚死。其月廷命严武。"可知代崔光远者非高适也。其后朝廷召还严武，以为二帝山陵桥道使，高适乃于宝应二年二月正式接代其职务。

还为左散骑常侍。

《新传》曰："广德元年，吐蕃取陇右，适率兵出南鄙，欲牵制其力，既无功，遂亡松、维二州及云山城。召还，为刑部侍郎、左散骑常侍，封渤海县侯。"《旧传》同。《资治通鉴》广德元年（763 年）十二月曰："吐蕃陷松、维、保三州及云山新筑二城，西川节度使高适不能救，于是剑南西川诸州亦入于吐蕃矣。"

永泰初卒。

《旧唐书》卷一一《代宗纪》：永泰元年正月"乙卯，左散骑常侍高适卒"。乙卯为二十三日。永泰元年正月二十三日当公元 765 年 2 月 17 日。《新传》曰："永泰元年卒。赠礼部尚书，谥曰忠。"《旧传》同。高适之生年不可确知，然可据若干诗篇试作推断。高适《奉酬北海李太守丈人夏日平阴亭》（《全唐诗》卷二一一）诗有"四十犹聚萤"之句，《留别郑三韦九兼洛下诸公》（同上卷二一三）诗有"年过四十尚躬耕"之句，《答侯少府》诗有"晚年学垂纶"之句，李颀《赠别高三十五》（同上卷一三二）诗有"五十无产业"之句。综合观之，知高适当生于武后圣历三年（700年），享年当为六十六岁。

适尚气节，语王霸衮衮不厌。遭时多难，以功名自许。

《新传》曰："适尚节义，语王霸衮衮不厌。遭时多难，以功名自许，而言浮其术，不为搢绅所推。然政宽简，所莅，人便之。"《旧传》同。《才子传》文则本自《新传》。

年五十始学为诗，即工，以气质自高。多胸臆间语。每一篇已，好事者辄传播吟玩。

《新传》曰："年五十始为诗，即工，以气质自高。每一篇已，好事者辄传布。"《才子传》之说本此。此说影响后世至巨，然不合事实。高适早年即能诗，其后即以诗文交接各地官吏与四方友好，五十之前已有诗名。《册府元龟》卷六八八《牧守部·荐贤》曰："张九皋为宋州刺史。时高适好学，以诗知名，佳句朝出，夕遍人口，九皋表荐之。"今知高适于五十岁时登第。五十之前，蹭蹬落魄，盛唐诗人中罕有其比；入仕之后，煊赫显达，盛唐诗人中亦罕有其比。《旧传》云："有唐已来，诗人之达者，唯适而已。"是知高适五十岁前之文学成就为其入仕奠定基础，五十之后仕途升迁之速促使他人更注意其文学上之成就。五十乃其关键，故有上说。《旧传》则曰："适年过五十，始留意诗什，数年之间，体格渐变。……"虽仍有扞格处，而较《新传》之说为圆通。《河岳英灵集》曰："适诗多胸臆语，兼有气骨，故朝野通赏其文。"此说亦为《才子传》所汲取。

尝过汴州，与李白、杜甫会。酒酣登吹台，慷慨悲歌，临风怀古，人莫测也。

《新唐书》卷二〇一《文艺上·杜甫传》曰："尝从（李）白及高适过

汴州,酒酣登吹台,慷慨怀古,人莫测也。"《才子传》之说本此。按杜甫晚年作《遣怀》诗(《钱注杜诗》卷七),追忆当年盛事曰:"昔我游宋中,惟梁孝王都。名今陈留亚,剧则贝魏俱。邑中九万家,高栋照通衢。……忆与高(适)、李(白)辈,论交入酒垆。两公壮藻思,得我色敷腴。气酣登吹台,怀古视平芜。芒砀云一去,雁鹜空相呼。"又作《昔游》诗(同上)曰:"昔者与高(适)、李(白),晚登单父台。寒芜际碣石,万里风云来。桑柘叶如雨,飞藿去徘徊。清霜大泽冻,禽兽有馀哀。"可知《新唐书》之说又当出于杜诗。是时高适当为四十五岁,与李、杜论文均"壮藻思",亦可征"五十学诗"之说之为虚传也。

中间倡和颇多。

查今存李、杜、高集,李白有《送张秀才谒高中丞》(《李太白全集》卷一八)、《送张秀才从军》(同上卷一七)二诗,均托张孟熊代向高适致意,然非倡和之作。高适有《宋中别周梁李三子》(《全唐诗》卷二一一)诗,内云:"李侯怀英雄,肮脏乃天资。方寸且无间,衣冠当在斯。俱为千里游,忽念两乡辞。"李侯当是李白。杜甫有《送高三十五书记》《送蔡希鲁都尉还陇右因寄高三十五书记》《寄高三十五书记适》《寄高三十五詹事适》《寄彭州高三十五使君适虢州岑二十七长史参三十韵》《酬高使君相赠》《因崔五侍御寄高彭州一绝》《奉简高三十五使君》《王十七侍御抢许携酒至草堂奉寄此诗便请邀高三十五使君同到》《王竟携酒高亦同过》《李司马桥成承高使君自成都回》《寄高适》《奉寄高常侍》《闻高常侍亡》《追忆故高蜀州人日见寄》等诗,高适有《赠杜二拾遗》《人日寄杜二拾遗》等诗,中有倡和之作。又天宝十一载(752年),高、杜有《同诸公登慈恩寺塔》诗,亦为倡和之作。高、杜二人早年于汶上相识,其后于宋中相聚,晚年又相逢于蜀中,交往甚密。杜甫居蜀颇为落魄,《因崔五侍御寄高彭州一绝》中有"何时救急难"之呼吁,《奉简高三十五使君》诗中有"交情老更亲"之说,《追酬故高蜀州人日见寄》诗序中称高适为"忘形故人"，足证二人交往始终亲密无间。

今有诗文等二十卷，及所选至德迄大历述作者二十六人诗为《中兴间气集》二卷，并传。

《旧传》称"有文集二十卷"，《新唐书》卷六〇《艺文志》四、别集类载《高适集》二十卷，知北宋中期尚无散佚。而王尧臣等纂《崇文总目》，别集类一载《高适文集》十卷，别集类三载《高适诗》一卷，当为别本，非佚存其半也。《郡斋读书志》于十卷之外复多集外文二卷、别诗一卷，知南宋时已有搜集遗文者。《才子传》中仍记作诗文二十卷，乃据新、旧《唐书》为说，未必其时仍有二十卷之足本。高适编《中兴间气集》之说，宋代即已传播，陆游曾起而驳正。《渭南文集》卷二七《跋中兴间气集》曰："高适字仲武，此集所谓高仲武，乃别一人名仲武，非适也。"陆游辨高适非《中兴间气集》之编者，结论诚是，然欠论据。高适殁于永泰元年，而高仲武《中兴间气集》自序此书所录"终于大历暮年"，年代即不相合。且《中兴间气集》录有苏涣诗数首，小序提及岭南起事，而苏涣从哥舒晃反，时在大历八年，亦可用以证明高适选《集》说之误。惟陆游云高适"字仲武"，则亦可知宋代即有此说，《才子传》亦沿袭其误。

（原载傅璇琮主编《唐才子传校笺》第一册，中华书局 1987 年 5 月版）

写作《高适年谱》的机缘与甘苦

或许由于我正在指导唐代文学的博士生和硕士生，有些人就称我为唐代文学专家。每当听到这一类话，心中就暗自嘀咕，深知自己根底浅薄，没有在这领域中长期下过功夫，又怎敢享此美誉？但我毕竟写过一些有关唐代文学方面的东西，而且得到过学术界的好评，那么若把自己这一段"速成"而有"实效"的经历介绍出来，或许会对热心向学的读者有些帮助，这是我胆敢草此小文的原因。

我之踏入唐代文学研究领域，是从写作《高适年谱》开始的，而我何以会在众多的唐代诗人中看上高适，则纯出偶然。

"文化大革命"前，我是教中国文学批评史的。当时高校中似有一条不成文的法规，各人的教学和科研的界限很清楚，一般不大滥入其他教师的主管领域。我在研究生阶段学的是甲骨、金文，改为助教教批评史后，从先秦讲到王国维，牵涉到的东西太多，吃力得很，因此从未在唐诗上下过功夫。可以说，当时只是停留在读读《唐诗三百首》的水平上。

"文化大革命"时，横扫"封、资、修"，家中只留下《毛选》四卷，其他"黑书"都奉命上缴了。当时倒真是赤条条一身无牵挂，上山下乡走"五七道路"，连着有好几年，把"之乎者也"都忘得差不多了。1972 年回城，正处在工农兵学员"上大学，管大学，用毛泽东思想改造旧大学"的新阶段，继续横扫"封、资、修"，仍然无书可读。

正当奉命回城前后，古典文学领域中突然冒出了一本郭沫若的《李白与杜甫》，因为它有来头，工宣队倒也开起禁来，允许教师到资料室中去借古书看。那时确实闲得无聊，系里就组织大家讨论讨论，我也被指定为发言人，于是可以有恃无恐地读起唐诗来了。

对这本书，大家议论纷纷，对郭沫若的扬李抑杜大都表示异议，我倒以为这不算什么，换一种角度，对李白讲得好一些，对杜甫讲得坏一些，只要符合事实，应该允许。但书中对高适的批评，我却产生了疑问。

郭沫若对高适批评得很奇刻，说他内战内行，外战外行，与杜甫分属拥护玄宗和拥护肃宗的不同派别，至死不能解开疙瘩，倒像参加了"文化大革命"中的两派群众组织似的。过去我有个印象，杜甫入蜀之后，生活艰难，是靠老朋友高适、严武接济为生的，《李白与杜甫》中的说法与此相距太远了，我就想到，可以找本高适的集子来读读。

到资料室去借来了一本《四部丛刊》本《高常侍集》，翻阅之后，颇觉茫然。高诗不编年，分不清哪一首是少作，哪一首是晚作。唐人称呼好用排行或官衔，不大称名字，这就让人难以断定这些诗歌的投赠对象是谁。古今地名差别很大，高适诗中提到的地名很多，我就分不清他到底去过哪些地方，其路线又怎样。……反正那时没有什么硬任务，读不下去也就算了。找新、旧《唐书》中的高适传记来读，增进了一些了解，但与他诗集中的作品仍然联系不起来，也难以判断他跟杜甫及其他诗人到底是什么关系。

后来从《文学遗产增刊》中找到了一篇高适的年谱，读过之后，对有些作品的写作年代和内容增进了一些了解，对他的历史知道得也细了一些，但仅至于此，很难再深入下去。隔了不久，从另一本书上却发现了一条材料，说是《郡斋读书志》上有记载，高适是在天宝八载制科（有道科）中举的，这时我想起前一本年谱上说高适于开元二十三年登第，二者相差太远了，到底哪一种说法正确，我被引起兴趣来了。心想，反正无事可做，不如围绕这类问题借些书来读吧。

那时我和学生被编在一起，开门办学，到浦镇车辆厂去写调查报告。大家集体住在等待拆毁的两节硬席卧铺的破车厢里。报告是由学生写的，教师不过参加些讨论，大部分的时间只是看看工人干活，逛逛大街。我就向工宣队头头说，自己个子高，睡时脚伸在铺位外面，容易着凉，要求单独住到原来列车员休息的房间中去，工宣队批准了我的请求，于是我便经常把自己反锁起来，躲在这间斗室中读唐诗。

那时每星期可回家一次，我便定时到资料室去借《全唐诗》及其他书来读，定期更换。

拿《全唐诗》中的《高适集》和《四部丛刊》本《高常侍集》做比较，发现二者颇有出入，例如《高常侍集》卷一中有《宋中送族侄式颜时张大夫贬括州使人召式颜遂有此作》，颇怪题目何以会那么长，读《全唐诗》后，始知自"时张大夫贬括州"之下，原来是注文，《四部丛刊》本是活字本，只有一套模子，无法用大小字体区分开来。《全唐诗》本的诗题当更近原貌。

《全唐诗》中的《高适集》中的这一类注，当为高适自注，故至堪珍视，例如《东平留赠狄司马》诗下，有注曰"曾与田安西充判官"，后来我查明，狄司马曾随安西都护田仁琬从军新疆，田仁琬于天宝元年去职，狄亦随之东归，故高赠诗慰勉。高诗自注提供了考查的线索，意义重大。

这两种《高适集》中的诗，还有出入，《全唐诗》中多出四首，即《自淇涉黄河途中作十三首》中的"嶓嶓河滨叟"一首、《玉真公主歌》二首、《途中酬李少府赠别之作》一首，这些诗篇是否可靠，必须从唐宋时人的记载中找到旁证才。为此我又勤翻各种文集、总集、笔记等典籍，发现这些诗在《文苑英华》、洪迈《万首唐人绝句》和葛立方《韵语阳秋》中均已记载，这就更使我相信：《全唐诗》本的《高适集》的文献价值要比《四部丛刊》本为高。这与讲版本的人重视《四部丛刊》而轻视《全唐诗》的看法不同。

过去乱翻书时曾有印象，郑振铎编的《世界文库》中曾有高适的诗集，查阅之后，发现里面还有校记，内如《四库全书》本的高适集中，还有一些不见其他本子的原注，如《别孙诉》题下注曰："时俱客宋中。"可

高适年谱　胡小石年表

见传世各本高适集的内容都有一些不同，做研究或校雠工作时，应该广征异本，择善而从，没有一种高适集是完美无缺的。

其后我到北京整理《韩非子》，曾有一段时间在北京图书馆看书，查阅《四库全书》本《高常侍集》，可证郑振铎的校语无误。这时我又看到了几种《高常侍集》的明刻本和影宋钞本，也就对高适集子的版本问题有了更全面的了解。后来我又翻阅了《唐诗纪》一书，经过详细的比照，始知《全唐诗》本的《高适集》是抄录《唐诗纪》而成的。

这样，我对高适集子的版本算是了解颇多了。本来还有想法打算就此写一篇文章，总结一下，但当时还以为自己之搞唐诗，只是逢场作戏，因而并不认真对待，拖着没有动笔，结果当时构思的内容随后也就淡忘了。

再说我在列车员的专用房间里读唐诗的事。和高适同时的诗人，上起开元之前，下至大历阶段，前前后后翻了几遍，把和高适有关的诗摘了出来。这时才知杜甫的赠诗数量最多。杜诗又多注本，可以从注中发现新的线索，于是我又借出钱谦益、仇兆鳌、浦起龙、杨伦等人的注本来看。这样的读书方式，倒是有些近于所谓"并读"之法，不但查到了许多有关高适的新材料，而且掌握了各家注杜的风格特异处。例如钱注的特点为以史证诗，仇注的特点为富赡博综，浦注的特点为层次明晰，杨注的特点为简练精到。

过去老师曾有教导，做学问时，应该重视材料的最早出处。研究高适和杜甫的交往，似也应找最早的杜诗注本读，为此我又找了九家注、蔡梦弼注、黄鹤注等来读，从中果然发现了好些珍贵的材料，例如高适入川任职，史书都记作先任蜀州刺史，后任彭州刺史，朱鹤龄和钱谦益都指出了这一错误，并引黄鹤注为证。黄鹤则引柳芳《唐历》和房琯《蜀州先主庙碑》为证。柳、房二人与高适同时，材料最为可贵，惜二文已佚，然残留在宋人旧注中。这些都是查考高适剑南任职时最早也是最可信的材料，于是我懂得了读诗也应该重视古注。

在高适友朋的赠诗中，发现了一首刘长卿的《秋夜有怀高三十五适兼呈空上人》诗，颇为特别，前人似未注意过。内云："晚节逢君趣道深，结茅栽树近东林，吾师几度曾摩顶，高士何年遂发心？"推详诗意，高适晚年似已信奉佛教，而这在其他文献中是没有记载的。史书上说他曾任淮南节度使，时驻节九江，地近庐山，"结茅栽树近东林"。确是有此可能，但这里怎又说是晚年的事？查高适抗吐蕃失败，内调为京官，死在长安，中间没有可能再去庐山隐居，那么这个"东林"指的又是什么地方呢？

我在翻检过《全唐诗》后，终于在韦应物的集子中发现了三首有关东林道士的诗，才知紫阁峰的西边有一处东林道士的精舍，高适的"茅"舍，当建在彼处，所以诗的结尾有"不见支公与玄度"之语。

但这个"空上人"又是谁呢？我知道，和尚一般取两个字的法号，称呼时可仅用下一字，那么这个"空上人"就有可能名叫"×空"了。为此我就找记载和尚事迹的书来读，知道宋释赞宁修的《大宋高僧传》记载的唐代和尚最多，结果果然从中查到了一个不空和尚，还知道此人当时名望极大。不空为密宗高僧，我过去也听人说过西藏的佛教属于密宗一系，内有摩顶等仪式，这不是又与"吾师几度曾摩顶"可以联系起来了么？

那时查资料，可真有一不做二不休的气概。学校大图书馆阅览室中放有一部《大正新修大藏经》，内有"史传部"，翻阅之后，发现里面还有赵迁写的《不空行状》。不空的材料很多，《不空三藏表制集》中还有飞锡撰的《大广智三藏行碑》等，里面都曾说到天宝十二年到十五年时不空曾应河西节度使哥舒翰之请，为设道场，"节度已下，一命之上，皆授灌顶"，其时高适正任节度使的掌书记，必然也参加了不空的灌顶仪式。综合这些材料来看，高适之为密宗信徒，那是绝无疑问的了。

高适是因抗御吐蕃失败而回京任职的,按例应该贬官才是。他任剑南西川节度使时,官从三品,入京任左散骑常侍,官正三品下,反而晋升了一阶,这可难以理解。况且唐代前期重内职,轻外职,高适的情况为什么这样特殊?为此我查了很多典章制度方面的书,方知散骑常侍一职,入唐之后已成安置罢退大臣之名位,故有"貂脚"之诮。"盖崇其爵禄而置诸闲散,聊示统治者之所谓恩荣而已"。无怪他在晚年能到远郊去"结茅栽树",看来他已处在半退休状态,不必经常上班了。

刘长卿的这首诗,《全唐诗》的《皇甫冉集》中也收了。刘、皇甫都与高适同时,这诗到底出于谁手?我考证了好久,却得不出结论,总是受到材料的限制吧。但《全唐文》的《高适集》中收有《皇甫冉集序》一文,却被我查出底细来了。此文原载《唐诗纪事》,本是《中兴间气集》中的评语,因为宋时有把高适说成字仲武者,所以《全唐文》中才有这一错误。我又根据独孤及为《皇甫冉集》作的序,考知皇甫冉死时高适早殁,进一步断定了高适此文的真伪。

我对高诗中提到的人一一试加考证,倒像解答数学难题似的,兴致很高。例如高适有《酬裴员外以诗代书》一首,自叙生平,是了解高适历史的重要材料。这裴员外又是谁呢?高诗中云"兄弟真二陆,声名连八裴",可知此人颇有文名,且出著名族望。查李华《三贤论》中叙及好多高适的友人,内云"河东裴腾士举,朗迈真直;弟霸士会,峻清不杂",似可与"二陆"之说互证。再查《新唐书·宰相世系表一上》"南来吴裴"下记裴宽兄岐州刺史裴卓二子,即腾、霸,而《旧唐书·裴宽传》中即称其"子侄亦有名称","兄弟八人,皆明经及第,入台省、典郡者五人"。这又可与高诗中的"八裴"之说呼应。但他兄弟二人都曾任员外郎之职,高诗所酬者又是何人?查李华有《祭裴员外腾》一文,而独孤及在《检校尚书吏部员外郎赵郡李公中集序》中又说此文已于安禄山之乱中遗失，可知裴腾殁于至德之前。那么高适的赠诗对象裴员外，定然是裴霸无疑的了。

就是这样地，我把高适诗文中提到的人考出了不少。可以说，目前大家所知的高诗中的人物，绝大多数是我考出来的。这也可说是我的一份贡献吧。

我在破车厢中作了一番摸底的工作，为回校后的深入钻研打下了基础。正因为我对唐代的情况太陌生了，阅读之时不断发生问题，随之就找有关的书来读。这样不断跟踪追击，大量检核最基本的文献，知识也就不断扩大深化。像《唐尚书省郎官石柱题名考》等书，过去连听都没有听到过，这时也知道使用了。地方志也翻了不少，并对其体例和价值也有了些了解。敦煌遗诗也一一查检，王重民等人的著作给了我很大的帮助。这样，掌握的材料越来越多，围绕着高适的问题对有关唐诗的文献全面地翻检了一番。

但我总觉得有一件憾事要弥补。查考高适生平，对他的家世却一无所知，心想现存文献中不可能再有什么线索可寻找，但近百年来的出土墓志，还可以再爬梳一番，为此我又翻检起石刻资料来。也算皇天不负苦心人吧，我在《千唐志斋藏石》中居然发现了一方《大唐前益州成都县尉朱守臣故夫人高氏墓志文》，经考查，知墓主高嫕就是高适的亲姊，其父高崇文，韶州长史，与《旧唐书·高适传》中的记载相符，只是旧《传》用同音字记作"从文"罢了。这时始知高适乃高宗时名将高偘之孙。这一结论，已为学术界所接受。

有关高适的研究不断深入，有些结论前人似未说过，为了防止事后遗忘，我就找出一堆烂稿纸，利用背面简单地作了些记录。成果越来越多，不断涂改添写，自己也难看清了，反正无事可做，索性重新抄清一遍。这样加工了三次，大体上也就成了目下《高适年谱》这个样子。从读《李白与杜甫》起，到初稿的完成，大约只花了一年多一些时间。当时万想不到日后还能公开出版，因此全书用简单的文言写成，以省笔墨。

"文化大革命"结束，上海古籍出版社表示可以考虑出书。这时我可犯难了。心想这种白手起家的"急就章"，难免没有错误，总得请人审读一遍，才能放心。当时我还不认识孙望先生，于是转请他人介绍，将稿子送了过去。过了些时候，孙先生的意见来了，一共写了三四页纸，连错别字和标点符号的错误也不放过。孙先生把长期积累的宝贵资料全盘托出。例如高适有《赠畅大判官》一诗，我起初以为是畅当，但又觉得年代不合，翻检《元和姓纂》等姓氏书，也不得要领。孙先生告诉我章定的《名贤氏族言行类稿》中有材料，可确证此人为畅璀。这种无保留地支持后学的热诚，我将永志不忘。

最近二三十年中，学术界已先后出现了八九种高适年谱，有专家评论说，我这书"在高适的家世、行踪、信仰、交游及诗文编年诸方面都有许多创见，内容翔实，贡献尤为突出"，虽觉受之有愧，但也未尝不感到愉快。心想这么一本初学者的习作，竟能和诸多老手的著作颉颃，得力处可能就在自知水平低，因而在一个个具体问题上都不敢轻易放过。龟兔赛跑，迟钝的人有时反而会有成功的希望。

后来我参加了一系列的唐诗会议，和专家交往时，谈到贞石、壁记、佛藏、谱牒、地方志等方面的唐人资料，总也能说上几句，不致显得太寒伧。看来当年的学习还算对路，才能在短期内突击奏效。但心中还常是在暗想："惭愧，惭愧，靠的就是这么一年多的死功夫，才不至到处出丑。"

（原载《古典文学知识》1991年第2期）

评周勋初《高適年谱》

郁贤皓

高適是盛唐时期的杰出诗人之一。他的诗歌"多胸臆语，兼有气骨，故朝野通赏其文"（《河岳英灵集》评语），在当时就享有盛名。后人若要深刻理解这些诗歌的时代意义，做到知人论世，必须首先要研究高適的生平事迹及其交游。二十多年来，有不少学者在这方面做过深入的研究，产生过好几种年谱，如王达津的《诗人高適生平系诗》（《文学遗产增刊》1961年第8辑）、彭兰的《高適系年考证》（《文史》1963年第3辑）、孙钦善的《高適年谱》（《北京大学学报》1963年第6期）、阮廷瑜的《高適年谱》（《高常侍集校注》，台湾编译馆1965年版）、傅璇琮的《高適年谱中的几个问题》（《唐代诗人丛考》，中华书局1980年版）、徐无闻的《高適诗文系年稿》（《西南师范学院学报》1980年第2期）、谭优学的《高適行年考》（《唐诗人行年考》，四川人民出版社1981年版）、刘开扬的《高適年谱》（《高適诗集编年笺注》，中华书局1981年版）等等，都曾有一定的贡献。但是比较起来，周勋初的《高適年谱》（上海古籍出版社1980年版）（以下简称《周谱》）一书，在高適的家世、行踪、信仰、交游以及诗文编年诸方面都有许多创见，内容翔实，贡献尤为显著，特别是上述诸谱都着眼于高適是个诗人，所以偏重于文学活动的叙述；而《周谱》则并不局限于高適文学方面的活动和交游，比较全面地叙述了高適参加当时重大的政治决策和军事行动的情况及其与当时社会环境的关系。这也是与其他诸谱不同的特点。今就上述几个方面分别做些介绍和评述。

高适的家世，仅见《旧唐书·高适传》上云："父从文，位终韶州长史。"其他典籍上无所记叙，各家年谱也无所发明。周勋初从《千唐志斋藏石》拓片中发现了《大唐前益州成都县尉朱守臣故夫人高氏墓志文》，从而有所开拓。《高氏志》云："夫人讳嫒，渤海蓚县人也。……曾祖子□，皇朝宕州别驾；祖偘，左卫大将军；父崇文，韶州长史。"证知《旧唐书·高适传》中的"父从文"应正作"父崇文"，并由此探知这位高氏就是高适的亲姊。作者还稽考了《千唐志斋藏石》中的《高琛墓志》《高琛夫人杜兰墓志》以及《芒洛冢墓遗文四编》卷六中的《高岑墓志》等贞石资料中有关高氏家族的材料，终于将高适的族人系统地勾稽了出来，并厘清了曾祖佑，祖偘，父崇文，伯父崇德、崇礼，姊嫒，从兄弟琛、元琮，从侄荣、岑，从侄孙幼成、岳、固等人的有关仕历。必须说明的是：岑仲勉先生曾有《补高偘传》一文（见《唐史馀渖》），也曾引用过《高琛墓志》和《高岑墓志》，可惜他失之眉睫，没有发现《高嫒墓志》，因此没有考虑到高偘与高适的关系。周勋初把《高嫒墓志》与高氏家族的其他墓志以及岑仲勉先生的《补高偘传》联系起来考察，也就比较全面地解决了高适的家世问题，填补了前人研究的空白，这是《周谱》的一个重要贡献。

关于高适的行踪，尤其是在天宝八载登有道科之前的事迹，由于缺乏史料，诸谱都较简略。《周谱》则依据高适诗文，对照史实，勾稽排比，理出了一条清楚的线索，叙述得比较细致，其中也有一些重要的发现。例如诸谱都据《信安王幕府》等诗，认为开元二十年高适曾北游幽蓟，但对于此番北游的路线和时间，则多略而不详。《周谱》认为高适从开元十八年起即北上燕赵，至开元二十二年始还宋州；并据《酬裴员外以诗代书》等诗，考知他曾在燕地从军。诗云："单车入燕赵，独立心悠哉！宁知戎马间，忽展平生怀。"这是前人从未有的新见解。又如诸谱都据《酬秘书弟兼寄幕下诸公》诗序"乙亥岁，适征诣长安"，定高适于开元二十三年赴长安。但这次他在长安究竟待了多长时间,有哪些活动,诸谱又多较简略。《周谱》则认为至开元二十六年才离京回梁宋,并对这几年间在长安的活动作了较详的考证和叙述。《周谱》据李颀《答高三十五留别便呈于十一》诗"累荐贤良皆不就"句,指出高适曾数度被荐应贡举;又据《河岳英灵集》中说过他"耻预常科",指出高适不愿应进士、明经试,从而推知此次赴长安当是应制科试,然无结果。《周谱》还据《敦煌高适诗集残卷》中《奉寄平原颜太守》诗,考出开元二十四年高适在长安,与颜真卿订交。同时,还据高适《醉后赠张九旭》诗、李颀《赠张旭》诗,证知这几年内高适在长安曾与不少名人交游,考明这些行踪,对了解高适这一时期的思想活动和理解高适的诗歌内容无疑都有很大的帮助。至于天宝八载高适登科后的行踪,《周谱》的考证更为精密。如据《古乐府飞龙曲留上陈左相》《留上李右相》等诗,证知高适中第后即授封丘县尉。又据《留别郑三韦九兼洛下诸公》诗中"远路鸣蝉秋兴发"句,《初至封丘作》诗中"到官数日秋风起"句,证知是年秋过洛阳,秋凉时至封丘任职。又据《酬秘书弟兼寄幕下诸公》《使青夷军入居庸三首》《送兵到蓟北》《蓟中作》等诗,说明天宝九载高适在封丘尉任上时,于是年秋曾送兵青夷。过去有人认为高适于天宝十载就辞去封丘尉,不久便入哥舒翰陇右节度使幕,《周谱》则据高适《陈留郡上源新驿记》中"壬辰岁,太守元公连率河南之三载也……末吏不敏,纪于贞石",证知天宝十一载高适尚在封丘尉任,订正了前人的错误。又据《同崔员外綦毋拾遗九日宴京兆府李士曹》《同诸公登慈恩寺浮图》等诗,证知天宝十一载秋离封丘尉职后曾抵长安,与崔颢、綦毋潜、储光羲、岑参、薛据、杜甫等众文士唱酬。又据《敦煌唐诗选残卷》中高适《自武威赴临洮谒大夫不及因书即事寄河西陇右幕下诸公》等诗,考出高适在天宝十二载夏,始与哥舒翰幕下人员联络,至秋天,受田良丘荐,至武威河西幕谒哥舒翰,不遇,又转至陇右节度驻地鄯州西平郡,始与哥舒翰相见,为入幕之宾。应该说明,高适未发达前,奔波各地,经历比较复杂,行踪颇难考定,但周勋初通过这类认真细密的查证,终于弄清了高适历史上很多前人没有解决的疑难问题,把他的生活道路较清楚地勾勒出来了。

关于高适的思想和宗教信仰,以前诸谱均未涉及。而这个问题对研究一个诗人的世界观来说,又非常重要。大家都知道,唐代诗人的思想比较复杂,而高适的情况尤为特殊。他早年漫游四方,狂放不羁,有任侠之风;但他又渴望建功立业,有积极用世的儒家思想,参加政治斗争时,又有刚正不阿的品格。《周谱》对这些情况作了全面的介绍和细致的分析。如在天宝十二载下系《后汉贼臣董卓庙议》时指出:"高适此议,奉儒家正统观点,有'明上下之序,严夷夏之防'意。"表明高适的主导思想是儒家思想。《周谱》还根据赵迁《大唐故大德赠司空大辩正广智不空三藏行状》以及《不空三藏表制集》中《大广智三藏行碑》等记载,考出高适于河西节度幕中时皈依佛教密宗,在广德二年下又据刘长卿《秋夜有怀高三十五适兼呈空上人》诗指出,高适晚年佞佛之甚,已无异于释子。刘长卿诗中的空上人,即天宝十三载在河西为高适行灌顶仪式的不空和尚,当时二人已有交往,此时又在京师相聚,可以推知过从更为密切。这些问题,古今研究高适者从未触及过。唐代佛教大盛,文人接受佛家教义的影响,颇为常见,但一般文人大都信仰禅宗,高适却信仰偏重巫术的密宗,说来似乎令人难以置信;但《周谱》结合高适从军的特殊经历叙述此事,信而有征,也就在读者面前展示了高适思想的复杂面,为高适的研究开拓了一个新的领域。这样的研究成果,确实是发前人之所未发。

《周谱》在高适交游的考订方面下了许多功夫,在这方面取得的成绩也很显著。如《东平旅游奉赠薛太守二十四韵》一诗,内有"御史风逾劲,郎官草屡修"以及"晋公标逸气,汾水注长流"等句,《周谱》据《郎官石柱题名》"司勋员外郎"和《御史台精舍题名》"监察御史""殿中侍御史并内供奉"内都有薛自劝其人,又查《新唐书·宰相世系表三下》载薛自劝出自"河东薛氏西祖房",而西祖房之始祖薛兴在晋为河东太守,经过这样细密的辗转互证,定高适诗中的薛太守为薛自劝。并据《资治通鉴》开元二十四年记载,是年四月乙丑,"泾州刺史薛自劝贬澧州别驾",而高诗云"一麾俄出守,千里再分忧",从而推断出薛自劝再升迁至东平太守约在天宝六载。再如:因自叙毕生经历而常被人引用的高适重要诗篇《酬裴员外以诗代书》,前人均未考出裴员外是谁。《周谱》据《旧唐书·裴宽传》《新唐书·宰相世系表》《唐郎官石柱题名》等史料,考出裴员外即裴霸,乃裴宽之子,裴腾之弟。李华《三贤论》云:"河东裴腾士举,朗迈真直;弟霸士会,峻清不杂。"李颀《送裴腾》诗,亦兼及其弟;独孤及《检校尚书吏部员外郎赵郡李公(华)中集序》称李华又有《祭裴员外腾》文,谓腾卒于安禄山乱中。而高适诗"辛酸陈侯诔"句下原注又云:"陈二补阙铭诔即裴所为。"陈二补阙即陈兼。《周谱》将这些资料进行综合研究,由此不仅解决了高适的交游,而且还弄清了李华《三贤论》中提到的一系列人物的事迹,他们相互之间都有交往,并辗转有文字往还。又如《奉酬睢阳李太守》诗中的李太守,以前诸谱均未详考,有的则认为是李峘,《周谱》则据独孤及《唐故睢阳郡太守赠秘书监李公(少康)神道碑铭》考定为李少康,并据《碑铭》:"玄宗后元年,改宋州为睢阳郡,命公为太守。……天不惠于宋,乃崇降疠疾。三年春,赐告归洛阳。"因而确定此诗作于天宝二年。这与傅璇琮同时所考的结论完全一致。

大家知道,唐人诗文中称呼对方时经常不用名字,而称职衔或排行,这就给读者带来了很多困难。因为读诗而不知赠诗对象,显然会影响对诗意的理解。《周谱》在解决这类问题时,经过精心稽考得出的结论,具有很高的科学性和很强的说服力。谱中对一些重要人物的考证,其意义又不仅限于编年和对诗歌的内容作出正确的理解,而且还通过对有关人物的考订,可以展示出唐代历史上的一些重要的事实。诸如由此可以探知当时文人集团之间的交往,一些文人与地方官员的关系,当时军队体系之间的阵营及其与一些文人的关系等等,从而为人们对唐代的社会政治提供新的认识。这就是周勋初对高适的许多交游精密考订的研究成果所起的重要作用。

对于前人考订的失误,《周谱》也间或予以纠正。如《单父梁九少府》一诗,一作《哭单父梁洽少府》,岑仲勉先生在《唐人行第录》中疑单父尉梁洽与《太平广记》引《名画记》中的处士梁洽为同一人。周勋初则根据段成式《酉阳杂俎》的记载,考知画家梁洽乃元和间人,时代悬殊,与高适不相及,订正了岑说。《周谱》还对与高适有关的某些诗篇进行了纠误辨伪工作。如王维有《送高道弟耽归临淮作》一诗,顾起经奇字斋本改作"高适弟耽",凌濛初朱墨套印本沿用其说,且录顾氏原注曰:"一作道,非。"《全唐诗》亦用此说,兼采校语,似乎高适真有一个名叫耽的弟弟了。《周谱》则据高适的郡望和王维诗集的不同版本,力辟顾氏之误。像这样的一些考释,都有助于消除读者的迷惑。

《周谱》对高适的大部分诗篇作了系年。有些诗篇的写作年代各家看法并不一致,有待于今后研究工作的进一步开展。但《周谱》中提出的许多新见解,却足供研究者参考。如《登百丈峰二首》,有人疑百丈峰为河州林凤之石门山,以为此诗作于天宝十四载自凉州东归之时。《周谱》据《元和郡县志》《旧唐书·地理志》以及顾祖禹《读史方舆纪要》,指出剑南道雅州百丈县有百丈山。诗云:"豺狼塞瀍洛,胡羯争乾坤。……朝市不足问,君臣随草根。"显然是感喟时事之作,《周谱》系此诗于广德元年,是年吐蕃陷长安、代宗奔陕,与诗意相合。其时高适任剑南节度使,百丈山正是其管辖之地。诗中还以"晋武轻后事,惠皇终已昏"指责玄宗、肃宗两代皇帝,用典很贴切,也证明高适晚年之诗仍然"负气敢言"。这种见解言之有据，与高适的经历和思想都很切合。因此可以成为一说。

《饯宋公充彭中丞判官之岭南》诗，《周谱》考出彭中丞为彭果，又据《资治通鉴》记天宝四载五月彭果代裴敦复为岭南五府经略使，天宝五载秋又记岭南经略使为张九皋，因此系此诗作于天宝四载秋。当时彭果官衔为"岭南五府经略采访使光禄少卿南海郡太守摄御史中丞"，故高诗称彭中丞。同时，《周谱》还考出，当时任南海太守的除彭果外，还有一个字形相近的彭杲。据1956年西安出土天宝年间进献的银锭中有"岭南采访使兼南海郡太守臣彭杲进天宝十年"，证知彭杲为南海太守在天宝十载，与天宝四载的南海太守彭果显系两人，订正了劳格、赵钺等人将两者混为一人的错误。这样，不仅解决了高适诗篇的系年，而且弄清了历史上地方官任免交接的年代，为研究唐代职官制度提供了材料。

结合诗篇编年，周勋初还注意阐发诗意，评述高适的思想，这就给高适一生的历史勾出了发展脉络。如《别韦参军》一诗，系于开元七年二十岁初游长安之时，诗中对朝廷政治不满，但仍与韦参军"纵酒高歌杨柳春"，意气豪迈，说明高适当时虽然失意，但对前途仍很乐观。又如《塞上》《同群公出猎海上》《营州歌》《自蓟北归》等诗，系于开元十九年三十二岁北上燕赵、在燕地从军之时，指出这些诗意气高昂，反映出高适早期气概；但对军中黑暗情况表示不满。又如《真定即事奉赠韦使君二十八韵》《邯郸少年行》等诗，系于开元二十二年三十五岁从燕赵南返宋州途中，指出这些诗中有减轻人民痛苦之愿望，表明高适此次旅行对民情政局已加深了解。又如《淇上别刘少府子英》诗，系于开元二十九年，据诗中"又非耕种时，闲散多自任"句，指出高适于农忙时似参加过一些劳动。《自淇涉黄河途中作十三首》，系于天宝元年，指出高适对农民之困苦甚表同情，对官府之剥削很不满。又如《奉和李泰和〈鹘赋〉》系于天宝二年，指出高适与当时大名士李邕的结交，对日后发展有很大影响。《东平路中遇大水》诗，据《旧唐书·玄宗纪下》的大水记载，系于天宝四载，指出高适对灾民深表同情，提出开仓廪、罢田租等裕民建议，但又恨无人采纳。系于天宝六载的《效古赠崔二》《宋中别李八》等诗，指出有"郁勃不平之气""潦倒而有牢骚，不甘寂寞"。系于天宝七载的《苦雪四首》《酬裴秀才》《别王彻》《平台夜遇李景参有别》《寄孟五少府》等诗，指出"高适此时贫窘之甚，志趣亦已显得低微"。而在天宝八载举有道科中第授封丘尉后，情况就不同了。《周谱》在《附录一》中指出："高适未仕之前，窘迫失意，郁勃之情，时于诗中流露。大凡赠诗与地位高之官吏，则有'打秋风'之意味，求援助；赠诗与地位低之官吏或士人，则诉苦鸣不平，闲居抒情，则叹穷愁，或故作达观。后期宦达，情况丕变，故前后期之作品一般均易识别。"在《附录二》中又说："高适五十前后生活发生巨大变化：未仕之前，蹭蹬落魄，盛唐诗人中罕有其比；入仕之后，煊赫显达，盛唐诗人中亦罕有其比，故本年实为个人历史变化上一大关键。"这样，也就为高适前后期的思想划出了一条明显的界线。对于后期诗篇的系年，作者更注意其思想的变化发展。系于天宝九载至十一载的《封丘作》《使青夷军入居庸三首》《送兵到蓟北》《蓟北作》《赠别王十七管记》《答侯少府》《同颜六少府旅宦秋中之作》《奉酬睢阳路太守见赠之作》等，都指出诗中对趋奉长官与压迫百姓均感痛苦，不甘县尉生活，并对玄宗宠信安禄山等边将深为不满。而在天宝十三载下指出：高适被哥舒翰表为左骁卫兵曹、充掌书记后，从此成为"此一军队系统中之骨干人物"。对系于此年的《送白少府送兵之陇右》《登垅》《金城北楼》《九曲词三首》等，指出高适赴河西节度幕府时，一路吟诗，不无自得之意。至武威后，高适还作诗称诵哥舒翰。对于两《唐书》高适传记载关于潼关失败后高适向玄宗分析形势以及后来出任淮南节度使讨伐永王璘等情事，《周谱》都有精辟的评述。如指出为哥舒翰辩护乃"为私人感情所蔽，不识大体，故不为时人所许可"，房琯"分镇之议，亦不过效西周初期封建诸侯藩屏周室之故伎，实则分镇之后，南北各拥重兵割据，必致对立。"由此《周谱》认为："前人以'节'字责李（白），'忠'字褒杜（甫），固属封建陈腐之见，然李、杜于复杂情况下昧于形势，亦毋庸为讳。"而高适"能于肃宗与永王之矛盾中预测政局之发展，当以其对唐代历史与政治有较现实之分析与主张"。把高适的思想和行动放在当时的历史环境中进行分析考察，就能使人们懂得：唐代"诗人之达者，唯适而已"绝不是偶然的。所有这些，也就为高适思想的发展勾勒出了一个清晰的轮廓。综观《周谱》全书，能使读者把握高适思想发展的全过程，这也是《周谱》与其他诸谱不同的地方。

《周谱》用文言书写，文字极为精练，篇幅不长，但内容却非常丰富。总起来说，《周谱》所以能作出如此重要的贡献，主要有三个明显的特点：一是资料丰富。一般作年谱，主要依靠这一时期的正史和有关人物的诗文集，《周谱》除常用的资料外，还充分运用了贞石资料、敦煌石室资料、佛藏资料、姓氏书资料、地方志资料，还注意吸收前人和今人的研究成果，从而发掘出不少前人未曾注意到的新材料，开拓了许多前人从未触及的新领域，填补了研究的空白。二是考订精审细密。从上可见，《周谱》的每个结论，都有扎实可靠的材料作为根据，而且用的都是当时或接近当时的人所记载的第一手材料。考证问题时，大都运用直接记叙此事的材料，有的则由许多间接材料经过精心考辨综合研究而得出的结论。凡证据不足者，均在结论前冠以"疑"字，表示尚不能肯定，说明作者治学态度之严谨。例如王维有《送高判官从军河西序》，从内容来看，此人应当就是高适。但《周谱》因嫌缺乏第一手材料可以直接用以证明，因而置于《附录》中。只是提出个人的假设性意见，供人参考。三是注意知人论世，把高适放在盛唐时代的整个历史和文坛中加以叙述,既反映出了历史的动向,还通过文人之间的交往,可以看出盛唐诗人的许多生活画面,把盛唐诗人的风貌生动地勾勒了出来。高适思想的发展也叙述得有血有肉,复杂多彩。因为高适的身份颇为特殊:他既是文学家,又是政治家,曾卷入当时的政治旋涡中。在他送兵青夷时,曾对安禄山的所作所为有亲身的体验,后又厕身哥舒翰的营垒,与安禄山作坚决的斗争,这就展示了唐代这一时期两大军阀系统之间的尖锐冲突。高适又是一个安史之乱中的活跃人物,统兵作战,与其他诗人的身份迥然有别。而在唐肃宗与永王璘的矛盾斗争中,他又具有关键性的决策作用。凡此种种,说明他的生平历史关联到玄宗、肃宗时期的一些重大政治事件的开展。而这些在《周谱》中都有生动的反映。因此,《周谱》不但记叙了盛唐诗坛上众多文人的丰姿,而且记叙了玄宗、肃宗时期风云变幻的政局的发展。可以说,《周谱》对研究唐代文学和唐代历史都有重要的参考价值。

但是,《周谱》也还存在一些不足之处。如系于天宝十三载下的《塞下曲》诗,题下注"贺兰作",《周谱》引《新唐书·回鹘传下》及《旧唐书·地理志三》指出唐代有贺兰都督府或贺兰州,把贺兰当地名解。其实,正如佟培基在《高适〈塞下曲〉辨伪》(《中华文史论丛》1982 年第 2 辑)一文中指出的,贺兰当指人名,即贺兰进明。此诗应作为《附录》予以辨伪。

(原载《文学评论》1984 年第 5 期)

胡小石年表

胡小石年表

谢建华 编　周勋初 审订

1888 年(清光绪十四年，戊子)，生。

公元 1888 年 8 月 16 日，阴历七月九日生于南京，祖籍浙江嘉兴。名光炜，字小石，号倩尹、南江先生，又号夏庐(斋名"愿夏庐"之省)，晚年别号子夏、沙公。

父胡季石，清举人，长于古文和书法，家藏文物典籍甚富。先生受家庭熏染至深。

1893 年(光绪十九年，癸巳)，五岁。

在家受教于父季石先生，开始诵读《尔雅》等书。其父期望小石日后成一学者。

季石先生出于清著名学者兴化刘融斋(熙载)先生门下。刘以《艺概》一书享盛名，但非一般词章家可比，其治学方法实属清仪征阮元、焦循一派，与乾嘉巨子戴东原(震)学派一脉相承，即以小学为基础进而攻治经、史、子、集。先生毕生从事古文字学，推本溯源，应是幼年即受到家教的陶冶与启发。

1899 年(光绪二十五年，己亥)，十一岁。

父胡季石先生殁。家贫，依靠母亲手工劳动(络经)收入及少量房屋租金维持生活。

就读私塾。

1901 年(光绪二十七年,辛丑),十三岁。

是年,全国科举废,改书院为学校。在此年之前,先生曾两次考秀才失败,得佾生(半个秀才)。

1903 年(光绪二十九年,癸卯),十五岁。

是年,清政府在南京创立三江师范学堂,由缪荃孙任总稽查。

1905 年(光绪三十一年,乙巳),十七岁。

3 月,考取宁属师范简易科,学习普通科学及教育学说。先生关心时政,同情变法维新。

是年,三江师范学堂改为两江师范学堂,亦称两江优级师范学堂。两江总督周馥任命著名学者临川李梅庵(瑞清)任监督(即校长)。梅庵先生继承乾嘉朴学传统,从治经、治史、治诸子发展至考订金石文字。其时该校设置的"图画手工科"是我国最早在高等师范学堂中设立此科的。

1906 年(光绪三十二年,丙午),十八岁。

6 月,宁属师范毕业。

9 月,继续求学,考取两江师范学堂预科。

1907 年(光绪三十三年,丁未),十九岁。

2 月,考取两江师范学堂,插班入农博分类科,学习生物、矿物、地质、农学等理论,通过实习,获取专门知识,接受当时传入的科学方法,着重分类与归纳。其时严复译的赫胥黎《天演论》风行,先生受其影响至深,多年来以达尔文主义为指导思想。入学不久,学堂监督李梅庵先生出题测试,题目出于《仪礼》。先生家里藏有一部张惠言的《仪礼图》,他小时候就爱看此书,这时便据此有条有理地写了一篇文章。当时新学已起,年轻人中已很少有人钻研三《礼》之学。梅庵先生发现一名学农博的新生竟然能做有关《仪礼》的文章,大喜过望,遂特加青睐,并亲自授以传统的国学。

同年,吕凤子先生考入两江师范学堂图画手工科。胡、吕均爱好书法,故同得李梅庵先生器重,为其入室弟子。

此时始习《郑文公碑》和《张黑女墓志》。

1909 年(清宣统元年,己酉),二十一岁。

秋,陈中凡考入两江师范学堂公共科。中凡先生在此上学期间曾与同学周实丹同登清凉山扫叶楼品茗,看到墙上悬有先生题署"清丝流管浑抛却,来听山中扫叶声"的对联。

12 月,从两江师范学堂毕业。

1910 年(宣统二年,庚戌),二十二岁。

2 月,毕业后留校任两江师范学堂附中博物教员。

时,清吏部主事陈散原(三立)先生旅居南京,李梅庵先生特介绍小石与胡翔冬拜于陈散原先生门下,从受诗学。

散原先生是清末诗坛"同光体"领袖之一,作品风貌与宋诗为近。他对历代诗歌的源流演变和大小各家创作方法及特色均理解深透,又非仅限于宋诗。在教学上因材施教,主张各就性情所近,从一体一家入手,继而摆脱陈言,博采众长,终于成就自家面目。散原先生命翔冬专习中晚唐五律,小石则从专习唐人七绝入手,而后再就性之所近,兼习各体。先生受其指教既能研究,又能创作,在后来讲授文学史和专家诗选时,不仅能从历史角度指出来龙去脉,而且能从艺术角度说出诗人甘苦。

是年,与同学杨仲子之妹杨秀英结婚。

1911 年(宣统三年,辛亥),二十三岁。

10 月,因辛亥革命起,离开附中。南京城将破,两江师范学堂停办。

其时,梅庵先生代署布政使。

11 月,李梅庵先生携家人离开南京寓居上海。离宁前,先生从城北居所急往城南藩署谒别。

1912 年(中华民国元年,壬子),二十四岁。

长女令晖生。

3—12 月,应江苏第四师范学校校长仇亮卿邀请,任博物教员。

3—6 月,应江苏镇江中学校长柳翼谋邀请兼课,教博物,后因换校长,不续聘而停止。

1913 年(民国二年,癸丑),二十五岁。

1 月,由李梅庵先生介绍,就聘长沙明德中学,任博物教员。因条件太差无法做实验,转而钻研《楚辞》,考证其中的花草树木。

1914 年(民国三年,甲寅),二十六岁。

4 月,因生病(怔忡)离开长沙回南京,住城南新桥梧桐树。

夏,卧病在家。

8 月,由仇亮卿介绍,任江苏第一女子师范学校教员,教博物后兼教国文。

8 月 23 日,收到李梅庵侄李健由上海发来的信,询问小石病情。此后又三次来信。

是年,先生见《流沙坠简》,揣摩临习,终身不辍。

1915 年(民国四年,乙卯),二十七岁。

次女令鉴生。

在 1911 年停办的两江师范学堂原址上成立了南京高等师范学校。

1916 年(民国五年,丙辰),二十八岁。

长子令德生。

此时,先生系统地学习、研究了经学和古代文学,曾手抄四本《仲尚杂记》,详尽地记下所读的书和心得。此一阶段的苦学为其后的厚积薄发打下了坚实的基础。

1917 年(民国六年,丁巳),二十九岁。

7 月,因与江苏第一女师校长吕惠如意见不合,离开该校。

先生自 1910 年两江毕业后直至 1917 年为中学博物教员,在采集动植物标本中不断发现日本人所定的我国动植物名的不妥之处,并根据《说文》《尔雅》等典籍加以改正,就此对考订之学产生了浓厚的兴趣。他钦佩乾嘉学者程瑶田作《九谷考》的治学精神,经过实地调查考察,辨证《周礼》"九谷"之名实,论点精确,启发很大。因此,先生所作考订,除坚守乾嘉学风"无征不信"外,特别注重对实物的调查研究,核对文献资料,务求互相印证,得到比较准确的结论。

8 月,由李梅庵先生介绍,去沪任上海仓圣明智大学国文教员。

10 月,因病(脚气病)离开。

冬,卧病在家。

1918 年(民国七年,戊午),三十岁。

1月,应李梅庵先生之召,到上海李先生家任家塾塾师,一方面教李先生弟侄经学、小学及诗文,一方面又受李先生的指点教导。李氏乃江西临川著名藏书世家,碑版拓本甚富,先生于此耳濡目染三载,受益良多。

初夏,先生曾患病回宁十多日,病愈,往沪前上李瑞清先生书一封云:"季恍、仲尚、旭君诸弟无恙。相别匆匆,不觉旬日,言念为劳。贱躯顷已平复,准以十七日车来沪白俟,面谈,不多道。渐热,自爱。光炜顿首。老太太、夫子、九先生尊前问。"后又回沪寓李氏家中。

此间,与小石父同年中举的嘉兴前辈沈曾植常过从梅庵,先生遂执同乡礼拜师于沈,学帖学及金石文字学。

其时晚清老宿像郑大崔、徐积馀、刘聚卿、王静安、曾农髯等都流寓沪上,各出其平日所藏的金石书画、甲骨,相与观摩讨论。先生交游其间,得闻绪论,遂由碑版、法帖上溯金、石、甲骨刻辞。往往继梅庵先生所作题跋后自书心得,写成《金石蕃锦集》(二册),由震亚书局出版石印本。

1919 年(民国八年,己未),三十一岁。

1月,曾农髯(熙)为小石撰写了《胡小石先生鬻书直例》云:"阿梅有弟子胡小石,名光炜,嘉兴人也。随父官江宁,因家江宁。其为人孤峻绝物,苟非所与必面唾之,虽白刃在前不顾也。及观其事师敬友则循循然有古人风。初居两江师范学校中专壹科学,及学既成,据几叹曰:此不过传声器耳,于我何与哉?乃遂日求两汉经师家言,以古学为己任,于三代金文疑字多所发明。其为文,则陶铸诸子百家,自立新说,不敢苟同也。初为书师阿梅,于大小篆隶分,六朝今隶、草隶无不学。既而曰:山阴父子且各立门户。遂取流沙坠简及汉以来断碣荒碑,举世所弃者,穷竟其未发之蕴,而皆以孤峻横逸之气行之。髯尝语阿梅曰:小石书有万马突陈之势,犹能据辔从容,盖六朝之宋董也。或者曰:小石隘,其书矫。髯曰:其隘也,不可及也;其矫也,此其所以卓然能自立也。愿以告世之乞小石书者。己未一月,衡阳曾农髯熙。

堂幅:四尺每幅二元,五尺三元,六尺四元,七尺五元,八尺八元,丈十二元,丈二尺十四元

楹联:同堂幅

屏风:四尺至五尺每幅二元,六尺三元,七尺四元,八尺五元,丈八元,丈二尺十二元

琴条、模披:同屏风

团扇:每柄一元,折扇倍之

名刺:每字一元

书眉、册首、铜牌:半于名刺

榜书:每方尺二元,至三尺者每尺三元

斋额:同榜书

册子:每页一元

卷子:每尺一元

寿屏:每堂百元

金石题跋:每通三十元

索为碑志寿文及诸杂文者其直别议

书碑志:议别

为索篆隶者:视原直加倍

泥金笺:加倍

堂福屏联书:来文者加倍

磨墨费:视原直十之一

收件处:四马路麦家圈震亚书局

北四川路清云里五弄底安定里二十

五号清道人寓

上海各大纸号

南昌张天宝楼

是年,有诗《己未初夏游北湖同胡三陈仲子流连昔游怆然有作》云:"花笑烟啼镜里妆,迎船无复旧垂杨。湖南苍姥还相识,弹鸭当年侧帽郎。""刺水荄儿绿上眉,团洲又是养蚕时。云雷接叶缫车动,谁理悬霄一寸丝?"

其时,有行楷书《赠筠盦三世叔五言联》,有《临汉简轴》等于一十年代。

1920 年(民国九年,庚申),三十二岁。

次子白桦生,后出继舅家,改姓杨。

春,与两江师范学堂公共科届同学陈中凡先生初次相晤,很投缘,先生赠所著的《金石蕃锦集》两册与之,并出示所作诗作数首,其中一首与友人江头小饮云:"十年骑马上京华,银烛歌楼人似花。今日江头黄篾舫,满天风雨听琵琶。"陈中凡先生叹其轶材秀出,非侪辈所能几及。

阴历二月十九日,作诗《龙华镇观桃花循江上游眺》云:"采春春已迟,稍叹芳林碧。馀霞照空江,落日不成夕。……"

4 月 15 日学生扬州任华寄信于李弟处交小石师,内容是请安并"乞夫子法书一,乞夫子转请梅庵先生法书,未知梅庵先生肯否? 或另具润资……"

9 月,李梅庵先生逝世。其丧事由好友曾熙及门下弟子胡小石办理。

11 月,由陈中凡先生推荐,先生离开上海北上受北京女子高等师范学校之聘,任教授兼国文部主任,教文学史、修辞学、诗歌选作等,兼部行政。

1921 年(民国十年,辛酉),三十三岁。

三子令闻生。

7月,南京成立了国立东南大学。仲夏,陈中凡先生回南京至东南大学任国文系教授兼主任,先生继续在北京女子高等师范学校任教。

秋,由陈中凡先生推荐,已得到当局的首肯,先生准备赴南京东南大学就教,中途遭忌者所阻,未能如愿。继续在北京女高师任教。

这期间,致力于《楚辞》之学,综合旧闻,择善而从,复自出手眼,独创新说,有论《招魂》、论《离骚》、论《九歌》等文章。

此后,开始钻研甲骨文字。

是年初冬,执笔起草了《北京女高师国文部同窗会章程草稿》共十二条。

1922 年(民国十一年,壬戌),三十四岁。

年初,北京女子高等师范学校改为国立北京女子师范大学,许寿裳先生担任校长,聘请鲁迅先生担任第三届国文部课程。许广平初入学。先生担任第二届国文部课程及主任。

期间,先生晚上常步行去住石驸马大街后宅的李大钊先生家闲谈。

7月,因与校当局不合,决定辞职南返。女师大部分留京的毕业生,与第二届国文部部分同学欢送先生,请李大钊先生作陪,并在学校大礼堂前假山上摄影留念。先生手执鲜花一束,站在中央,李大钊先生立其旁,其馀同学、老师分立于前。

8月,由张子高先生介绍去武昌高等师范学校任教授兼系主任,教散文、文学史、诗选。与国民政府监察委员、同盟会会员刘禹生先生和黄季刚先生为同事。

阴历十二月初五，作《夜书事》诗云："西城飞火岁癸丑，今唯甲子逾十年。观货毁穰计卯酉，兵凶亦类星周天。穷冬抛卷且拥絮，异声破梦墙东偏。……"

1923 年（民国十二年，癸亥），三十五岁。

仍在武昌高等师范任教。教学之余，勤奋著述。当时研究：一、考订之学；二、金石之学；三、古音之学；四、词曲；五、章回小说；六、校勘；七、评点；八、疑《古文尚书》始末史；九、治《仪礼》始末史；十、韵书：《广韵》《集韵》之类；十一、通史、《通鉴》及《通鉴纪事本末》之类；十二、有系统之学，通志；十三、艺术：画家、织锦、刻丝之类；十四、美术的工业、烧磁之类；十五、戏曲：宋元戏曲史；十六、谱录：年谱、家传皆始于宋人；十七、音韵：切韵、指掌之类；十八、语体文、语录之类；十九、今文学、三家《诗》考之类。

撰写《桐城周君传》《论治选学之派别》《论文选之长有五》《杜诗批评》《楚辞辨名》《屈原赋考讲义》《张若虚事迹考略》《汉至宋书目考》《庄子天下篇》《荀子非十二子篇》《宋代文学论》《甲骨文字用点例》等。

秋，作《九日游洪山宝通寺》诗云："武昌秋气喧，阴崖护春绿。……"

另有《武昌杂诗》一集，其中有《淄阳桥》《黄土坡》《鹤楼》《昙华岭》《抱水堂》《梁园》等诗作。

是年，南京高等师范学校并入东南大学。

1924 年（民国十三年，甲子），三十六岁。

1 月，因人事纠纷离开武昌高师，回南京。

3 月，西北大学校长傅佩青先生邀请先生任国文系教授兼系主任，教散文，兼系行政。6 月，闻母病，回南京。

9月,金陵大学改组国文系,由程湘帆先生介绍,任金陵大学教授兼系主任,讲授《楚辞》《杜诗》《李杜诗文比较》,由源流、体制而详述修辞、音韵风格等。又讲甲骨文,成《甲骨文例》油印本授学生。文章从甲骨文全篇出发,研究其书写款式、语法修辞,章句段落,分为若干常例,由此考订一字,可以根据其上下文而得其谊,再根据音义相关之理,由训诂通假推定其读音,其可信程度倍增。此文实为契文之学开了一条新路。

是年,次子白桦过继给杨仲子哥哥杨伯衡。

此次回宁,自筑小楼于将军巷 31 号,号"愿夏庐"。一楼为客厅。二楼北为先生自居,称北楼。其室内一榻倚壁,前列几案,皆堆典籍,室中置大案,为挥毫作书之所。三楼为藏书楼,牙签万卷。庐前有一池塘,环岸种杨柳,风景幽胜。

1925 年(民国十四年,乙丑),三十七岁。

仍在金陵大学任教。

1月,收到老友冯友兰先生从北京寄来的新年贺卡云:"恭贺新禧。冯友兰鞠躬。"

2月12日、24日,3月7日连续收到学生谭其觉来信,告知小石师自己左眼病情,及治疗情况,感谢恩师去信关心。

8月,因孙洪芳先生邀请,先生也想重入国立学校,兼任东南大学教授、文理科长,教文学史。

1926 年(民国十五年,丙寅),三十八岁。

仍在金陵大学任教,兼东南大学教授。

为补充办学经费一事,与本系陈中凡先生、叶长青先生、束世澂先生等联名致函胡适先生,呼吁从"庚子赔款"的退款中秉公接济金陵大学。

论文《〈远游〉疏证》发表于金陵大学学报《金陵光》。秋,为仲文先生作己未年旧作:"花笑烟啼镜里妆,迎船无复旧垂杨。……"

1927 年(民国十六年,丁卯),三十九岁。

6 月 9 日,东南大学与河海工科大学等在江苏省境内专科以上的九所学校合并为第四中山大学。

仍在金陵大学任教,同时兼第四中山大学文字学课教授,与金大校章多所抵触,先生主张变更旧章,但陈中凡先生因担任校务常委,遵守常委会的决议,拥护旧制,遂与先生发生了误会。

其间《说文古文考》作为金陵大学油印讲义。

8 月,由钱基博先生推荐,为第四中山大学专职教授,系主任及中文研究所主任。教文学史、甲骨文、金文、《楚辞》、杜诗、书学史等。同时辞掉了金大教授职位。

9 月,复兼金陵大学教授。

冬,为仁齐仁兄题亲书横披"壁月常满"四个大字。

1928 年(民国十七年,戊辰),四十岁。

三女令宝生。

1 月 5 日,陈中凡先生离开金陵大学,应聘任暨南大学中文系主任兼教授。

2 月 9 日,第四中山大学改名为江苏大学。

春,先生将自 1921 年至 1928 年间先后在北京女高师、武昌高等师范学校、东南大学、金陵大学主讲为"中国文学史"课程,取学生苏拯的笔记加以审核,题名为《中国文学史讲稿上编》十一章,由上海人文出版社排印出版。此书篇幅不长,而具卓识,颇为学界所重。

5 月 16 日,江苏大学改称为国立中央大学。

作《齐楚古金表》论文发表于《图书馆学季刊》2 卷 3 期。

作《甲骨文例》,为中山大学语言历史研究所《考古丛书》之一发表。该书是我国第一本研究甲骨文文法的著作。继此之后又成《金文释例》一卷,其宗旨与体制与《甲骨文例》相同,先有油印讲稿,后发表于《中山大学语言历史研究所周刊》2 卷 17、18 期。

是年上巳与诸同事黄季刚、王晓湘、王伯沆、汪东、汪友箕、汪辟疆等教授于玄武湖修禊联句成《戊辰上巳北湖湖神祠修禊》,诗有:"掷笔大笑惊鸥眠,""人生何必苦拘挛?""尺棰取半亦可怜,""焉用蒿目忧戈铤。""浩歌归去徐叩舷,""烟水葭菼延复缘"等句。

1929 年(民国十八年,己巳),四十一岁。

仍在中央大学任教,并兼金陵大学教授。

作《干支与古历法》发表于金陵大学《咫闻》第一期。

有《真、草二体临古四屏》《临王献之十三行轴》等,书于 20 年代。

1930 年(民国十九年,庚午),四十二岁。

四女令馨生。

仍在中央大学任教,并兼金陵大学教授。

此时,研习钟繇书法、北魏造像、刘平国开道记、甲骨文、金文、秦诏版等。

1931 年(民国二十年,辛未),四十三岁。

仍在中央大学任教,并兼任金陵大学教授。

秋,在中央大学讲授甲骨文及金文课程,倡导铜器上文字的变迁与花纹相适应之说,主张将文字、花纹作综合的研究。

其时,曾昭燏作为听课的学生,开始认识先生,惊其引证之淹博、说理之致密,自是每课必往听,亦尝登门请益。

1933 年(民国二十二年,癸酉),四十五岁。

9 月,学生黄永胜来信向先生请教,云:"有古文二十八字、籀文六字认识不真,怀疑之下,手边苦无法帖证之,求赐注明。指示此间,敬请教安。附呈古文籀文一币。"

11 月 10 日在中央大学《文艺丛刊》第 1 期发表长文《古文变迁论》。

1934 年(民国二十三年,甲戌),四十六岁。

仍在中央大学任教,并兼任金陵大学教授。

1 月,作《偶书与庆郎》云:"山下兰芽短浸溪,松间沙路净无泥。……"

1 月 5 日,《每日画刊》(162 期)2 版刊登了寿县新出土的《楚王鼎》。作者方伯常先生云:"《楚王鼎》系寿县新出土楚器中最贵重者。查列国时楚考烈王迁都寿春,即今之寿县,故所有出土各器,经识古家断为楚将亡时瘗藏于地之庙器。"与此文同时刊登了鼎的全貌图、楚王鼎之耳花纹之一斑图和楚王鼎之口边缘上之铭文。

2 月,先生在《国风》(半月刊)4 卷 3 期上发表了《寿春新出土楚王鼎考释》。

3 月,在《国风》4 卷 6 期上发表了《寿春新出土楚王鼎考释又一器》。

6 月,《齐楚古金表》再次发于《国风》第 4 卷 11 期上,为《古文变迁论》作补充说明。

9 月,金陵大学成立国学研究班。先生讲授"书法史"。在大学开"书法史"课,这是始创,也是当时最高形式的书法教育。此举意义有三:一是与经学、小学、史学、诗学一样,书法也列为国学研究科目;二是改变了以往书法教育只注重实用书写技能的传授;三是说明书法作为一门学科应当建立较高的理论体系。

考入该班的学生在书法研究和创作上成绩卓著的有游寿（1906—1994，福建霞浦人，曾任黑龙江大学教授。与久居南京的萧娴在现当代书坛并称"南萧北游"）、朱锦江，以及选修"书学史"课的曾昭燏（1909—1964，湖南湘乡人，曾国藩五弟国璜长曾孙女，曾任中央博物院代理总干事、代理主任。1949 年南京博物院成立，任副院长、院长等职）。

是年，在听了董连枝演唱的梨花大鼓《剑阁闻铃》后作七绝一首《听歌》赠之。诗云："四座无声弦语微，酒痕护梦驻春衣。年年花落听歌夜，雨歇灯残不忍归。"

1935 年（民国二十四年，乙亥），四十七岁。

仍在中央大学任教，兼金陵大学教授。

4 月、5 月，在《国风》第 5 卷 8、9 期上发表《安徽省立图书馆新得寿春出土楚王铊鼎铭释》。

作《书库方二氏藏甲骨卜辞印本》发表于《图书馆学季刊》9 卷 3、4 期。

9 月，金陵大学国学研究班续招新生，先生开设"程瑶田考古学"课。学生徐复亲受钟磬、九谷之学，为治名物之始。

10 月，作《考商氏所藏古夹钟磬》，发表于《金陵学报》第 5 卷 2 期。

先生酷爱昆曲。是年苏州班来宁演出，时人赏之者绝少，卖座有时不到一成，先生每场必往，并与黄季刚先生合买数十座，邀门生弟子往观。

此时研习黄山谷书法、秦权量等。

1936 年（民国二十五年，丙子），四十八岁。

仍在中央大学任教，兼金陵大学教授。

作《金文释例》发表于《金陵大学文学院季刊》1卷2期。

是年,由国民党中宣部原部长、江苏省政府主席叶楚伧介绍参加中国文艺社。

1937 年(民国二十六年,丁丑),四十九岁。

仍在中央大学任教。

8 月,先生竭数年之精力,钻研声音与训诂之关系,成《声统表》上下卷,发表于《金陵学报》。

是年将军巷 31 号住宅遭日军突袭炸毁,随中央大学迁往重庆。

1938 年(民国二十七年,戊寅),五十岁。

仍在中央大学任教。

是年有诗作《南京陷及期书愤》云:"龙虎开天阙,金汤拥石头。崩腾狂寇入,梦寐一星周。吊楚南公誓,收京杜老讴。寸心与江水,奋激日东流。"

三月底四月初,台儿庄战役告捷,日寇受惩。先生在重庆闻后兴奋无比,作诗《台儿庄大捷书喜》云:"乍有山东捷,腾欢奋九州。不缘诛失律,安得断横流。淮渼屏藩固,风堠早晚收。低回思白羽,一写旅人忧。"

与武昌师大同事刘禹生在重庆经常见面,受其反蒋思想影响颇深。

《大公报》颁布"部聘教授"名单,先生为中国古代文学部聘教授。

1939 年(民国二十八年,己卯),五十一岁。

仍在重庆中央大学任教。

3 月,为儿杨白桦题"白花堂"三个篆书大字。及行书对联"赏应歌杕杜,归及荐婴桃"。

《甲骨文例》为中央大学讲义增订本。

居重庆,母亲漆雕氏去世。先生麻衣芒鞋,扶梓葬于重庆南岸。时抗日前在南京唱梨花大鼓的董娘(连枝)所居距葬地不远。正盛暑,知先生将过,与其夫陈君于路旁张盖设茶水以待。先生甚感之,云"饮此一杯水,胜于富家珍馐百味万倍也"。

8月,先生觉得昆明自由和学术空气一般比重庆好,受云南大学校长熊迪之邀请,去昆明兼任云南大学教授兼文法学院院长,教诗选和《楚辞》,及院行政事务。

在昆明期间与思想进步的民族工商业家郑一齐相识,承其赠送马列主义书籍多种,开始阅读。

学生曾昭燏母亲逝世,葬于昆明龙泉镇,先生为书圹志,并亲吊于墓地。

有《临钟繇书卷》《临甲骨文》《临金文》《临秦诏版》等书于三十年代。

1940 年(民国二十九年,庚辰),五十二岁。

1月,离开云南大学回重庆中央大学。途中因随身携带郑一齐所赠进步书籍,被特务搜去,从此被列入黑名单。

阴历正月十八日,自昆明返渝州后与旧日南京好友相聚。座中有董莲枝鼓词,感为短韵,并赠董娘绝句四首。其一云:"国破歌益工,寸喉传万恨。长安今夕月,闻声定生晕。"其二云:"见汝秦淮碧,见汝汉水秋。见汝巴峡雨,四座皆白头。"

8月,因云南大学校长熊迪之再次邀请,先生第二次去昆明兼任云南大学教授兼文法学院院长,教诗选、《楚辞》。

在云南大学期间与西南教育部部长、民盟会员楚图南过往甚密。

是年,写《〈楚辞〉郭注义征》。

1941 年（民国三十年，辛巳），五十三岁。

1 月，离开昆明云南大学，回重庆中央大学。

有诗《辛巳岁首返渝州作》云："辽鹤重来感逝波，江城梅蕊意如何？云开遥见丘陵出，风起疑闻松柏歌。穿冢真应伴蝼蚁，弯弧谁敢射鹓鹚？浮屠关下滩声迥，永夜幽弦怨斧柯。"

2 月，因白沙女子师范学院院长谢循初邀请，移家迁至江津县白沙镇，任白沙女师学院教授，教散文、文学史、诗选。

因在白沙作诗较多，题款多用"沙公"。

其时，以碑体方笔作二王体书，结体布白，有来源亦有变化，各体书皆独具个人特性。有行书《自作小词卷》。

1942 年（民国三十一年，壬午），五十四岁。

仍在重庆中央大学任教，给本科生讲授《中国文学史》和《书学史》两门课程。

兼任白沙女子师范学院教授。

时与中央大学美术系主任徐悲鸿先生交往颇多。一日，偕助教金启华往观徐氏画马。悲鸿先生请其录《天马歌》以助之增兴。后先生命金启华抄写《汉书·礼乐志》中"天马徕，从西极。涉流沙，九夷服。……"赠之。

1943 年（民国三十二年，癸未），五十五岁。

仍在重庆中央大学任教，兼任白沙女子师范学院教授。

《卜辞之🐘即昌若说》发表于《中央大学文史哲季刊》1 卷 2 期。

4 月 2 日，由沈子善、潘伯鹰、沈尹默等人发起成立"中国书学研究会"。该会的研究方向重在书法教育。

7 月"书学研究会"创办了《书学》刊物，由重庆文信书局印行，先后聘请了欧阳竟无、马衡、胡小石、宗白华、王东培、许世瑛等人撰稿。先生在该刊物第 1 期发表了《中国书学史绪论》（一）。

8 月，重庆中央大学休假一年。因云南大学校长熊迪之邀请，先生任云大教授。其间昆明西南联合大学的罗常培先生托当时在研究所学习的金启华请先生为自己所主办的"文史哲演讲会"作讲座。先生作了"八分书在中国书学史上的地位"的讲座。罗先生亲自送请帖到先生住处，并出了海报。当时听讲座的有汤用彤、浦江清等，盛惊其专精独擅，非积数十年钻研不能到。

同月开始至下一年 7 月，先生虽继续任白沙女子师范学院教授，但已不在该院领薪。

是年，曾为中大教务长胡焕庸先生书"洋洋大观"四字赠之。

此时研究《萧憺碑》、王献之书、金文等。

1944 年（民国三十三年，甲申），五十六岁。

仍任重庆中央大学教授，兼任白沙女子师范学院教授。

4 月 16 日，有诗《四月十六夜，昆明遇董娘，为吾唱〈闻铃〉也》云："弦急灯残梦影微，《淋铃》听罢泪沾衣。天涯犹是秦淮月，留照歌人缓缓归。"

5 月，纂集近期诗文曰《南江先生文稿》。其中有文《华秀叔先生五十寿颂》云："夫六家之学皆务于为治，百年之身莫大乎寿，故学优则仕，往训所期，不朽之业，功必先言苦。"又有诗《万斯年辞日》云："遥遥景胄，通海之华。导脉临黄，厥绪孔嘉。"

7 月，假期满回重庆中央大学。将回重庆前，在昆明西南联合大学研究院学习的中大毕业同学殷焕光、金启华和在昆明北平史学研究所的尚爱松和蒋维崧等在福建酒馆为老师饯行，极为欢洽。

9 月，中央大学成立了文科研究所中国文学部，先生任主任，先后为中文专业招收了十多名研究生。其中有濮之珍（后为复旦大学教授）、金启华（后为南京师范大学教授）、徐家婷（后为南京大学教授）等。

有《临王徽之草书轴》、行书《李东川歌行轴》、隶书《会黾争盟轴》。

1945年（民国三十四年，乙酉），五十七岁。

仍任重庆中央大学教授。

9月，“中国书学研究会”刊物《书学》出版第五期后停刊。

抗战胜利后，作诗《咏雾》云：“梦里巴山住九春，朅来京洛又迷津。世间万丑遮拦尽，毕竟蚩尤是圣人。”

12月3日，教育部学术审议委员会来函云：“敬启者：本会此据杨树达君呈送著作《造字时有通借证及古文字研究》来会申请奖励，素仰台端对于该项学科研究湛深，敬请惠予审查。酬金叁千元，即由本部总务司另汇，相应检同该项著作暨审查意见表、空白收据各一份，即希查收，至祈于一周内审竣掷还为荷。此致胡小石先生。”

11月，因白沙女子师范学院改组，不再兼任教授。

1946年（民国三十五年，丙戌），五十八岁。

仍任中央大学教授。

春，在重庆参加中华全国美术协会，任监事。

夏，中央大学复员回南京。

8月，金陵大学复员回宁来邀，先生任该校兼职教授，教文学史、诗选、《楚辞》。

冬，有人委请先生为蒋介石六十大寿书写寿序，并许以重酬，被严词拒绝。

是年在南京参加全国文艺作家协会，任理事。

1947 年（民国三十六年，丁亥），五十九岁。

仍任中央大学教授，兼任金陵大学教授。

元月，纂集近期文章为《南江先生文稿》，其中有文《处士陈君传》《会稽陶君传》《书王王孙印谱》《尹妻潘夫人灵表》《桐城周君传》。

冬至，有行书《跋林散之山水画卷》一首云："散翁此卷坚卓沈，厚其笔墨町畦当。……"

是年，南京学生掀起了反内战、反饥饿、反迫害，要求讲学自由的斗争。中央大学研究生同学会发出倡议，组织了"全国研究生联谊会"。先生在述作之余，同情和支持进步师生的爱国运动，并向其研究生指示斗争策略和方法。他还与进步教授一起营救被捕的青年学生。为此特务机关曾把他列入"黑名单"，险遭不测。

期间先生经常阅读进步书刊，如艾思奇的《大众哲学》、郭沫若的《甲申三百年祭》、鲁迅的杂文集《准风月谈》《南腔北调集》《伪自由书》等。

1948 年（民国三十七年，戊子），六十岁。

仍任中央大学教授，兼任金陵大学教授。

元日作《投沙》《夜》《生》《楼》《坡所出富贵传》《溪晨》《晨霜南中所希有》《题桃花便面》《见流人鬻衣者》《题门前橄榄》诗十首。其中《投沙》云："削迹非充隐，投沙岂恨枯。道凭桮稗在，人应马牛呼。野色古蛮锦，峦容浅降图。溪桥辉夕照，牢落影能俱。"诗《夜》云："微岚成薄醉，眉月向人低。社鼓村巫寝，村荒老鵊啼。坐山痴自茧，瞻宿景如圭。幽客知相忆，灯窗参伐西。"

春节之晨，学生刘溶池给先生拜年。先生提笔在信笺上写了"化大炮为纸鸢"行书六个字送之，表达了他反内战、盼和平的迫切心情。

夏，先生六十诞辰，与宗白华、崔唯吾、杨白桦、谭龙云、唐圭璋、曾昭燏、游寿等在玄武湖摄影纪念。

10月，为慧瑛题行书对联："虚舟有超越，洞庭空波澜。"

11月，为陈独秀生前给黄淬伯先生有关音韵学的信题"仲甫先生论韵遗墨"。

冬，南京国民党政府教育部指令国立编译馆迅急将图书资料装箱，南迁福州。南京地下党谭平山同志指示编译馆进步馆员邵恒秋等组织护馆委员会，拒绝接受遣散费，拒绝南迁。先生支持这一措施，并鼓励学生积极参加"国立编译馆护馆委员会"。

年底淮海战役后，国民政府企图强迫中央大学南迁，先生与梁希同率学生护校，与之对抗。教育部欲以中央大学校长之名啖之，先生在全校师生大会上严词拒之。

有行书《北湖小诗书赠吕凤子轴》《临汉简轴》《诗十首行书卷》。

1949 年(民国三十八年，己丑)，六十一岁。

仍任中央大学教授，兼任金陵大学教授。

1月31日，中央大学教授会投票选举产生"中大校务维持会"，选举欧阳翥、梁希、胡小石等11名委员。

3月29日晚，先生在中央大学大礼堂前的广场上发表演讲，号召来宁参加"反饥饿、反内战、反迫害、要和平"游行示威的各校师生，肩负起历史的重任，呼吁国民政府能顺应历史潮流接受中国共产党提出的和平谈判条件。他说：日寇投降以后，内战又起，国不安宁，民不聊生，只有国共再次和谈成功，国家才能富强，人民才能安居乐业。

4月1日，南京专科以上10所学校共6000馀人走上街头，向市民呼吁，到总统府请愿。作为校维会常委，先生为保护同学们的安全，坐吉普车紧跟在游行队伍后面。后游行队伍遭镇压，险遭不测，学生死者二人。

4月11日,南京各大专院校分别在中大、金大、政校为游行牺牲的同志举行追悼会。先生撰写了两副挽联,悬挂在礼堂南面墙上,其一是:"挽程履绎同学　你死,死得好惨,惨无人道;我哭,哭不出来,来悼英灵。"追悼会8点开始,由先生致悼词。

4月23日,百万雄师胜利渡江,南京解放。

6月,南京市军管会正式接管中央大学。

8月8日,国立中央大学改名为国立南京大学。成立了由梁希、张江树、胡小石等21人组成的国立南京大学校务委员会。先生任文学院院长。

9月,由方光焘、陈瘦竹介绍,参加南京市文联。任南京市文物保管委员会委员、南京博物馆顾问。

是年,冬至1950年上半年,亲自带领南京博物院、南京市文保会一些同志调查南京市附近的古陵墓。

有《赠镇藩仁兄隶书轴》《赠彝尊仁兄行书轴》《临王献之鸭头丸帖轴》《人间知也草书联》等,书于40年代。

1950年,庚寅,六十二岁。

任南京大学教授,兼任金陵大学教授。

是年,当选为南京市各界人民代表大会代表。

在南京中奥文化协会及金陵大学讲演《南京在中国文学史上的地位》,后此文发表于《中国文化研究汇刊》第九卷。

3月9日,南京博物院正式易名挂牌,改国立中央博物院筹备处为国立南京博物院,简称南京博物院。先生被专聘为顾问,商定每周来院一次,垂询各项业务。如有重要工作,可随时来院。同时被聘为顾问的还有向达、徐森玉等人。他们与先生一起共同为院里鉴定各种文物,其中主要是收购字画。

4月3日,南京博物院因陈列展览需要,曾昭燏副院长请先生为周代重器毛公鼎拓片题字。

5月1日,南京附近江宁县东善镇祖堂山下,发现规模很大的古墓。南博曾昭燏副院长邀请先生共去现场调查,决定进行考古发掘。先生以六十馀高龄,常越陌度阡,登山陟岭,往回数十里去观看并指导。在发掘过程中,对出土的玉哀册文字内容,先生协助考证,确定是五代十国南唐皇帝李昪与皇后宋氏的钦陵和中主李璟与皇后钟氏的顺陵。南唐二陵是新中国成立后第一次发掘的帝王陵墓。

夏,陈毅司令员来宁,约见南京文艺界知名人士于玄武湖翠虹厅。餐后,陈毅请先生赋诗留念。先生略思片刻,即吟五绝一首应命:"千秋倾城酒,十里送荷风。更以吞江量,完成跨海功。"

冬,南京博物院发掘南唐烈祖及中主二人陵墓。

1951 年,辛卯,六十三岁。

仍任南京大学教授。

春,为提高学生学习古典文学的兴趣,培养他们自学的能力,先生给南京大学中文系一年级学生开设"工具书使用法"新课。

3月23日,先生应南京博物院考古部主任尹焕章先生之请,同去江宁县湖熟镇,调查史前时期的文化遗址。共发现老鼠墩、梁台、船墩等一系列傍秦淮河畔的台形遗址。这就是有名的"湖熟文化"遗址定名的由来。

8月,因金陵大学与金陵女子学院合并,不再兼任金大教授。

是年,开始为南大中文系研究生讲《说文解字》部首,整理讲稿,成《说文部首疏证》。

1952 年,壬辰,六十四岁。

仍任南京大学教授。

7 月全国高等学校进行院系调整,南京大学文理学院和金陵大学的文理学院等合并,成立文理综合的南京大学。先生参加合并工作,为南京大学一方筹委会成员之一。

辞去文学院院长一职。

8 月任南京大学教授兼图书馆馆长。

1953 年,癸巳,六十五岁。

仍任南京大学教授。

1 月 16 日,先生为南京博物院工作人员以及华东文物工作队和南京故宫分院的同志作《中国文字与书法》讲座的第一讲"殷代到战国文字的变迁"。

2 月 16 日,先生在南博作《中国文字与书法》讲座的第二讲"隶书与八分"。

2 月,患神经衰弱及风湿症。

此时,还时常临南朝碑、米芾书、曹全碑、张迁碑、礼器碑、金文等。

1954 年,甲午,六十六岁。

仍任南京大学教授。

9 月 10 日江苏省文联成立,南京市文联并入省文联。同时省作家协会成立。先生写诗表示祝贺。诗云:"屈原骚赋气如虹,李杜光芒祖国雄。枉向人家偷鼻息,东风今日压西风。""话本看来随剧本,农歌唱处接渔歌。他时成绩谁堪比,城外长江不较多。"

9 月 21 日—1955 年 6 月 7 日,给南大中文系四年级学生讲《楚辞》,每周二学时。导论共四讲,第一讲《楚辞的书》,第二讲《楚辞辨名》,第三讲《诗人屈原》,第四讲《屈原的作品》。逐字逐句地分讲《离骚》《九歌》《招魂》《天问》等诗篇。

先生带学生周勋初参观南京市文联举办的古代服饰展览会。

1955 年,乙未,六十七岁。

2 月 16 日,先生以"工具书的使用法"结束了在南京博物院的《中国文字与书法》的讲座。

在南京博物院讲课期间,先生应邀为南博题写院名。

1956 年,丙申,六十八岁。

仍任南京大学教授。

5 月,先生出席南京师范学院学术讨论会,对学生徐复《从语言上推测〈孔雀东南飞〉一诗的写定年代》一文作了评价。

夏,与陈方恪、唐圭璋、孙望、徐复、杨白桦、金启华、刘珉英等赴汪辟疆教授家,设宴为汪先生祝古稀之庆。

9 月,开始招收副博士研究生,首批入学者中有周勋初、谭优学、吴翠芬、杨其群。

9 月初,在《在向科学进军》的战鼓声中,在"欢迎您,未来的中国语言文学家"巨幅标语下,南大中文系约二百名师生,假玄武湖绿茵纷缤,繁花满枝的樱洲开联欢会,欢迎首届五年制本科百馀名新生入学。胡小石、陈中凡、方光焘、黄淬伯、刘继宣、罗根泽等老教授以及洪诚、戚法仁、赵瑞蕻等数十位教师参加。

9 月,在扇面上为弟子吴新雷题写 30 年代所作的《听歌》诗,并署:"新雷贤弟雅鉴,沙公。"并盖上了他的"东风堂"朱文印章。

是年,曾在江苏省文联演讲《屈原与古神话》。

是年,南京博物院将先生所题的院名做成院牌悬挂于南博大门竖额上，保留至今。

1957 年，丁酉，六十九岁。

仍任南京大学教授。

年初，先生虚七十岁。省委宣传部部长俞珉璜，副部长陶白、李进、唐圭璋、孙望、徐复、金启华等在宁弟子前往祝寿庆贺。其后陈方恪、徐家婷、吴翠芬、谭优学、周勋初、侯镜昶、郭维森、杨其群与先生师母一同前往大江艺术人像馆合影留念。陈方恪为照片题"讲堂松荫"。

是年，赠汉剧名女演员陈伯华七律一首云："宛转歌喉一串新，汉滨如见弄珠人。乍逢赵女来秦殿，何减梅家有洛神。……"

有行楷书《湘中记轴》、行书《七律一首卷》。

1958 年，戊戌，七十岁。

仍任南京大学教授。

先生将数十年散见于课堂讲授中的研究甲骨文的心得、途径和成果汇集为《读契札记》，发表于《江海学刊》1958 年 1、2 期。

3 月，切除肿瘤，养疴闲居，漫忆旧作，录五律、《卜算子》。

9 月，为慧瑛书《崔玖送朱樱》一诗，云："春去闲楼燕不知，红珠笼赠喜邻儿。今朝忽忆长安远，一岁樱桃乍熟时。"

10 月 6 日，先生参加"江苏省第二届人民代表大会第一次会议招待晚会"，观看《玉堂春·三堂会审》《群英会·华容道》。

是年，有《跃进吟》十首，其一："跃进如火山，吐钢亿千吨。神威谁敢侮，美帝空愤愤。"其二："跃进如大云，变动成莫测。昔号病夫邦，今为工业国。"其三："跃进如飞电，一往便无前。成功日日进，五年需二年。"其四："国丰持以俭，节约今之纲。国富求更富，国强求更强。"

1959 年, 己亥, 七十一岁。

仍任南京大学教授。

作行书《一九五九年中秋前一日陪诸同志北湖翠虹厅集》云: "凉风靖蚊蚋, 美稼替呻吟。啸侣期湖曲, 开堂爱柳阴。谈天八纮远, 评史十年深。更喜蟾光满, 来朝佳节临。"

10 月 1 日, 作《国庆日喜女鉴同子牛牛自济南来会》云: "山东勾氏女, 一别四年强。上树才前日, 携儿如我长。笙歌欢国庆, 烽燧忆倭狂。祖国今来壮, 休怜鬓发苍。"

同日作《国庆节颂词》其一云: "神州革命力戡天, 失喜华颠夜不眠。流血终摧三大敌, 建邦便到十周年。雄风威震沧溟沸, 美政光齐皎日悬。倒海移山等闲事, 飞腾谁与我争先。"

是年, 开始著《广韵正读》一书, 其体例以《广韵》(中古音)所载反切为标准音, 对照所收集的现代各方言, 用声母递转、对转之理, 解释其产生变易之缘由。可惜只写成平、上、去三部分, 未及入声而去世, 后遗稿又遗失。

有《续李瑞清后跋王铎书卷》《七绝二首、五律、卜算子行书卷》。

有行书《临中秋帖轴》、行书《临米芾书轴》、行楷书《即是远嗣五言联》等, 书于 50 年代。

1960 年, 庚子, 七十二岁。

仍任南京大学教授。

4 月, 成立江苏省书法印章研究会, 先生任会长, 傅抱石、黄七五、叶一鹤任副会长, 丁吉甫任秘书长。

4 月, 南京博物院院长曾昭燏和南博的罗宗真携在南京西善桥一座南朝初年墓发掘出土的两幅完整的"竹林七贤"砖印壁画的拓片, 去先生住所请其鉴定。他据这两幅非常成熟的绘画技法考证, 肯定是采用当时著名画家(如顾恺之、戴逵一流人物)的粉本刻印而成。

春至秋,治旧病住上海华东医院。诗《庚子三月卧疾淞滨柬彦通白匋》云:"乱眼风花上步廊,栏干斜照晚苍苍。招携未许穷春草,牢落偏教住病坊。独塔嶙人灵谷月,柔波湔梦北湖航。明年此日江鲴壮,载酒须迟海客尝。"

是年,江苏省文联邀请先生作书法讲座,讲《书艺要略》,内容分:1.古文变迁;2.八分在书艺上之关系;3.学书诸常识。全文在《新华日报》上发表,后又转载于《江海学刊》。

是年有书《题李鲟蕉阴鹅梦图》云:"不逐清波就曲池,画师点笔费人猜。……"

1961 年,辛丑,七十三岁。

仍任南京大学教授。

2、3月间,书行书对联:"大孤山远小孤出,二月已破三月来。"

4月13日,当选为中国人民政治协商会第三届南京市委员会副主席。

5月,在南京大学纪念校庆举办的讲座中,他以73岁高龄的抱病之身,两次走上讲台作了诗人杜甫及其诗作精华《羌村三首》与《北征》的讲座。当时的南大校长郭影秋、南京师范学院段熙仲教授专程来听课。

5月,在南京市文联举办的学术讲座上作题为"《北征》小笺"的专题报告。对唐代诗人杜甫《北征》一诗的思想和艺术成就以及背景作了分析论证。

7月1日,为纪念建党四十周年,江苏书法印章研究会在江苏省美术馆举办《江苏省首届书法印章展览》,展览半年前已在《新华时报》上刊登了征稿启事,故全省44个市、县作者寄送书、印稿件十分踊跃,共收到867件作品。经评委评选展出书、印作品共389件。前言由丁吉甫执笔经先生看过定稿。展览印有"纪念册",封面及扇页均由先生题鉴。展览之后,《江海学刊》第七期发表了先生的《书艺略论》。

是月,《跋何蝯叟隶书史晨碑字课册》末句云:"昔人用功深而耳目苦隘,我辈今日耳目之资广矣,所得乃不及前贤远甚,岂不愧哉!辛丑五月沙公。"另有《跋张瑞图书》。

是年,应江苏省委宣传部之建议,开始写《中国书学史》,写至二王书而宿疾作,未能完稿,后又遗失。

晚年时常临六朝碑、隋碑、六朝写经、王羲之书、颜真卿书、汉简、乙瑛碑、金文等。

1962 年,壬寅,七十四岁。

公元 1962 年 3 月 16 日,阴历二月十一日晨 7 时 43 分逝世于江苏省工人医院(现为江苏省人民医院),享年七十四岁。

3 月 4 日,葬于南京中华门外雨花台望江矶公墓,1997 年迁至卡子门外金陵华侨永久墓园。

2004 年底,南京市浦口区求雨山文化园内建成胡小石纪念馆且对外开放。胡小石、杨秀英合葬墓亦迁至馆后。

胡小石先生曾有遗言,死后以藏书赠南京大学图书馆,以所藏文物赠南京博物院。

南京博物院院长、胡先生学生曾昭燏撰书《南京大学教授胡先生墓志》全文如下:

　　先生讳光炜,字小石,号倩尹,又号子夏,夏庐,晚号沙公,浙
　　江嘉兴人也。自父季石公迁于金陵,遂家焉。先生幼孤,家贫,从

师读，母以络经给膏火资。年十九，入南京两江师范学校，始为临川李梅庵先生弟子，然所习专业为生物学。毕业于两江师范后，至长沙明德中学任教。阅一年，乃之上海，就馆于梅庵先生家，兼从梅庵先生学，并执赞于乡先辈沈子培先生之门，同时问诗于义宁陈散原先生。其后任教于北京女子高等师范学校、武昌高等师范学校、西北大学、东南大学、金陵大学、云南大学、白沙女子师范学院、中央大学。南京解放后，任南京大学文学院院长兼教授，兼任江苏省人民代表大会代表，江苏省人民委员会委员，中国人民政治协商会议南京市委员会副主席，江苏省文物管理委员会主任委员，江苏省文学艺术界联合会委员，江苏省书法印章研究会主席，南京大学图书馆馆长，南京博物院顾问。计主讲席者，前后五十有三年，及门弟子不下数万，经先生培育在学术上能卓然自立者实繁有徒。先生学极渊博，于古文字、声韵、训诂、群经、史籍、诸子百家、佛典、道藏、金石、书画之学，以至辞赋、诗歌、词曲、小说，无所不通。其生平所最致力者，一曰古文字之学。将甲骨、吉金、许书文字，融会贯通，旁引经义以及后代碑刻、竹木简书，用以探求古文字形、音、义嬗进变迁之迹，更以文例董理甲骨、金文，独辟蹊径，至为精粹。所著《甲骨文例》《金文释例》《说文古文考》《说文部首疏证》《夏庐金石文题跋》《齐楚古金表》《古文变迁论》《声统表》《读契札记》等书，为当代学者所推崇。二曰书学。先生从梅庵先生有年，书法自梅庵先生而发扬变化之，兼契、篆、简牍、碑、帖之妙，得其神髓，故能独步一时。尝讲授中国书学史，于文字之初起，古文、大篆、籀书之分，篆、隶、八分之别，下至汉魏碑刻以及二王以降迄于近代书家，其干源枝派，风格造诣，咸为剖析，探其幽奥，历来论书法，未有如此详备而湛深者也。近方以其讲稿著录成书，未毕而疾作。三曰《楚辞》之学。先生合史学、经学、文学三者以讲《楚辞》。其阐明屈子之心迹，则具史家之卓见，注释当时之名物，则用清代经师考据之法；遇文辞绝胜处，则往复咏叹深思，发其微妙。故其独到之处，并世莫之与京。著有《离骚文例》《远游疏证》《楚辞辨名》《楚辞郭注义征》《屈原与古神话》等文，近著《楚辞札记》，尚未定稿。四曰中国文学史之研究。先生讲中国文学史，不囿于正统成见，尝谓一代有一代之所胜、一代有一代之风格。于周代则取《诗》三百篇与金文中之韵文，于战国则取《离骚》，于两汉则取乐府、辞赋，于魏晋南北朝则取五言诗，于唐取其诗，于宋取其词，于元取其曲，于明清取其南曲、小说与弹词。著《中国文学史》一书，考镜源流，阐述发展，影响至巨。先生为文，以龙门为宗。于诗，潜心陶谢与工部特深，又酷好谢皋羽，所作绝句，直追中晚唐。偶作小令，有宋人风致。复精赏鉴，于前人书画，过眼辄别真伪。先生笃于风义，每年逢梅庵先生忌日，必素食。在北京女子高等师范时，与李大钊先生厚，大钊先生之死，先生哀之甚至，其后辄形诸梦寐。解放前，先生虽历执教于高等学校，不与政事，而睹外患之日深，生民之涂炭，常有愤世嫉俗之语，为国民党反动派所忌，名在黑籍中，几陷不测。淮海战役起后，蒋贼自知覆亡在即，冀逃之海岛延岁月之命，强南京高等学校南迁，先生挺身出，与梁希先生同率学生护校以与蒋贼抗，伪教育部欲以中央大学校长之名啖先生，先生于全校师生大会中严词拒之。四月一日，先生偕诸生请愿于总统府，伪军梃刃交下，诸生死者二人，先生亦几死于凶残者之手。南京解放，日月重光，中国共产党及政府重先生之学，更敬先生之为人，在政治、文教各方面畀以重任。先生亲见人民之出水火而登衽席也，数十年积郁忧愤，为之一扫，亦感于党与政府知己之深，誓以其毕生之力，献诸人民。近年来，虽患肝疾，时感委顿，而讲学著书，用力甚勤，方将罄其所学,以贻来者,有志未竟,倏尔长逝,伤哉! 弥留前,曾有遗言,以藏书赠南京大学图书馆,以所藏文物赠南京博物院。盖先生于国家文教事业,爱之深切,虽病中亦未尝须臾忘也。先生生于公元一八八八年阴历七月初九日,卒于一九六二年阴历二月十一日,享年七十五岁。配杨夫人,与先生伉俪甚笃,家庭雍睦,五十馀年如一日。子三人:长子令德,娶陈慧瑛;次子白桦,出继舅家杨氏,娶黄果西;三子令闻,娶王月玲。女四人:令晖,适谭龙云;令鉴,适勾福长;令宝,适杨君劲;令馨,适初毓华。孙一人:大石。女孙一人:石瑛。三月有四日,令德等奉先生遗体葬于南京中华门外雨花台望江矶公墓。近云师说法之地,傍烈士归骨之丘,当岁时伏腊,风雨晦明,与英魂毅魄,陟此高冈,同睹祖国河山之永固,宏图之日新,亦可以无憾矣。昭燏受业于先生之门,适今三十有一年,其间获侍砚席,质疑问难者亦十馀载,自愧菲材,未能承先生之学于百一。今者星坏山颓,曷胜摧慕,想音容以仿佛,抚履杖而如存。爰志数言,勒此贞石。庶几千秋万岁,发潜德之幽光;秋菊春兰,寄哀思于泉壤。

胡小石先生是我国著名的教育家、学者、诗人、书法家,毕生致力于古文字学、声韵学、书学、《楚辞》之学、中国文学史之研究。他逝世之后,南京大学组织成立了胡小石教授遗著整理委员会,由当时负责文科的副校长范存忠教授任主任,并由在南京工作的前中央大学与金陵大学早期毕业的学生段熙仲、唐圭璋、吴白匋、曾昭燏、孙望诸先生参加筹划,晚年弟子侯镜昶任学术秘书。后因"文革"而停止了工作。

1982 年在范存忠先生的主持下整理出版了《胡小石论文集》,共收论文 14 篇,系先生的部分著作。它们是:1.《屈原与古神话》;2.《楚辞辨名》;3.《〈楚辞〉郭注义征》;4.《〈离骚〉文例》;5.《〈远游〉疏证》;6.《张若虚事迹考略》;7.《李杜诗之比较》;8.《杜甫〈北征〉小笺》;9.《杜甫〈羌村〉章句释》;10.《南京在中国文学史上的地位》;11.《古文变迁论》;12.《齐楚古金表》;13.《考商氏所藏古夹钟磬》;14.《书艺略论》。附录为《愿夏庐诗词钞》,诗钞共 187 首、词 18 首。

1988 年江苏美术出版社出版了《胡小石书法选集》,共收书法作品116 件,时间跨度 50 馀年。

1989 年 12 月 26 日至 1990 年 1 月 10 日,在南京十竹斋画廊举办了《胡小石书法展》,吴白匋先生作书法展的前言。

1990 年南京大学中文系举办了"胡小石、陈中凡、汪辟疆三教授百年诞辰学术纪念会",南京大学出版社出版了由南京大学古典文献研究所编写的《古典文献研究(1989—1990)》,其中收集了《胡小石先生传》(作者:吴白匋)、《南京大学教授胡先生墓志》(作者:曾昭燏)、《悼念胡小石学长》(作者:陈中凡)、《胡小石老师在女高师》(作者:程俊英)、《追悼胡小石先生[附:胡小石先生考古著作目录]》(作者:曾昭燏)、《忆小石师的一次演讲及其他》(作者:金启华)、《忆恩师胡小石先生二三事》(作者:刘溶池)、《胡小石师的教学艺术》(作者:周勋初)九篇文章和一幅先生的手迹。

1991 年,出版了《胡小石论文集续编》,收入了《中国文学史讲稿》《唐人七绝诗论》《愿夏庐题跋初辑》《愿夏庐题跋续辑》及《愿夏庐诗词补钞》(共 49 首)。

1995 年出版了《胡小石论文集三编》，收入了《甲骨文例》《书库方二氏藏甲骨卜辞印本》《卜辞中之𢆶即昌若说》《读契札记》《金文释例》《寿春新出楚王鼎考释又一器》《安徽省立图书馆新得寿春出土楚王铊鼎铭释》《说文部首》《说文古文考》《文于二氏所藏汉熹平石经周易残石校字记》《声统表》。

此年表在写作过程中得到徐复先生、金启华先生、周勋初先生、孙洵先生以及胡先生亲属的热情帮助和指点，特别是周勋初先生的详细审订。在此一并表示衷心的感谢。

1998 年 4 月 25 日

（刊于《胡小石研究》〔《东南文化》专辑〕，1999 年）

附

《胡小石文史论丛》导读①

胡光炜先生（1888—1962），字小石，以字行。号倩尹，一号夏庐，晚年又号子夏、沙公。原籍浙江嘉兴（秀州），然生长于南京。父亲胡伦叔，字季石，清代举人，曾在上海龙门书院从刘熙载（融斋）学习，后因候补道，故移居南京。胡家原为书香世族，家富藏书。季石先生长于古文与书法，生下小石先生后，督促甚严，希望其日后成为一名卓越的学者，故自五岁时即亲自授以《尔雅》。小石先生因家庭的影响，继承清儒朴学传统，与扬州学派有甚深之渊源。

光绪二十五年（1899），季石先生病殁，家道遽行中落，其时小石先生年仅十一岁，只是依靠母亲为织造局络经的劳动收入及些微房租维持生活。至是小石先生乃就读私塾。其时孤儿寡妇，备尝世态炎凉。然小石先生不忘父亲的期望，始终努力奋进。清末废科举兴新学前，曾两次冒籍报考秀才，终因年龄过小而未遂，仅得一佾生。（学政在落榜的童生中选取的乐舞生，祭孔时列阵，当时认为抵半个秀才。）

光绪三十一年，小石先生考取宁属师范简易科，后又考入两江师范学堂预科，光绪三十三年，插班进入农博分类科，学习生物、矿物、地质、农学等理论，接触到了当时所谓新学中的许多自然科学知识。其时严复翻译的赫胥黎《天演论》正风靡一时，小石先生因学习对象的一

---

① 此文所引胡小石文章，凡未出注者，皆见《胡小石文史论丛》，南京大学出版社 2008 年版。

致,故受达尔文的进化论影响尤深。

学堂监督李瑞清(字梅庵,号清道人)为著名学者,又擅书画与鉴赏。他为办好教育,亲自赴日考察,延聘了许多该国学者来授课,小石先生年轻时即通日语,亦因此故。其时社会上的人仍重视旧学,学校的文化活动中,国学的比重仍很大。有一次,梅庵先生出题测试,题目出于《仪礼》,小石先生家中藏有一部张惠言的《仪礼图》,他从小就喜欢此书,这时便据此写了一篇文章缴上。《仪礼》向称难治,其时学习三《礼》之学的人也已日见其少,梅庵先生发现学农博的学生中竟有一名新生能有条有理地做《仪礼》的文章,大喜过望,遂特加青睐,亲自授以传统的国学。

陈中凡(字觉元,号斠玄)先生于宣统元年(1909)考入两江师范学堂公共科读书,与小石先生前后同学,然因专业不同,并不相识。但他常从饶有文誉的同学周实丹处听到称赞小石先生才华的言词。有一次,二人同登清凉山的扫叶楼,见到署名光炜的题句"清丝流管浑抛却,来听山中扫叶声",不禁击节赞赏,可见小石先生学生阶段即已诗才洋溢。

清室灭亡前夕,恰值光绪与慈禧相继去世,两江总督端方遂迎拘于乡里的陈三立(字散原)至南京居住。散原先生为诗坛巨擘,梅庵先生乃介绍两位诗才崭露的学生小石先生与胡俊(字翔冬)先生前往受学。散原先生为清末诗坛"同光体"的领袖,而对古今诗歌的创作特点与技巧均有精深的理解。他在接见二胡之后,各让递上诗作数首,后评曰:小石诗情甚美,神韵绵邈,可先从唐人七绝入手,兼习各体;翔冬诗情湛深,句法老到,可学中晚唐五律,走孟郊、贾岛的路子。其后小石、翔冬先生均以擅诗获大名。小石先生之诗,古今各体均有建树,而七言绝句风调之美,并世罕睹。散原老人后尝赞曰:"仰追刘宾客,为七百年来所罕见。"此亦可见其水平之高。

宣统二年,小石先生毕业,留任两江师范学堂附中博物教员。次年辛亥革命爆发,清帝逊位,两江师范学堂停办,小石先生遂先后就职于江苏第四师范学校、江苏镇江中学等校,均任博物教师。民国二年(1913),梅庵先生介绍他到长沙明德中学任教。小石先生身处外地,不免感到孤寂。学校条件又差,无法做实验,乃自行采集植物标本。然而讲授之时,感到日本教习所述我国动植物的名称与实物颇多不合,于是根据古代文献与实地调查予以纠正。前已提到,小石先生受清儒的影响很大,特别崇仰乾嘉学者程瑶田所作《九谷考》的征实精神与科学态度,其后他在金陵大学国学班中还曾开设程瑶田研究的专题课,即以此故。

民国三年四月,小石先生患怔忡之症,辞职回宁,后至江苏女子第一师范任职,讲授博物兼教国文,又因人事上的问题而去职。在这几年中,小石先生健康不佳,职业又不稳定,梅庵先生乃于民国六年八月介绍他去上海仓圣明智大学任国文教员,他又因脚气病而于十月返宁休息。次年一月健康好转,复应梅庵先生之召,寓其家中,在家塾内教授其弟侄辈。小石先生书法本有根底,此时更为精进,于是师弟一起悬格鬻书。前辈著名书家曾熙(农髯)为之撰鬻书直例,序曰:"其为人孤峻绝物,苟非所与必面唾之,虽白刃在前不顾也。及观其事师敬友则循循然,有古人风。初居两江师范学校中专壹科学,及学既成,据几叹曰:'此不过传声器耳,于我何与哉。'乃遂日求两汉经师家言,以古学为己任,于三代金文疑字,多所发明。其为文,则陶铸诸子百家,自立新说,不敢苟同也。"对于小石先生孤傲绝世的品格和文必己出的精神,作了很好的提示。

其时有一大批清代遗老寓居上海,彼此相互交往,小石先生因梅庵先生的关系,结识了不少著名学者,如沈曾植(子培)、劳乃宣(玉初)、郑文焯(大鹤)、徐乃昌(积馀)、刘世珩(聚卿)、王国维(静安)等,这对他学术上的成就也有帮助。只是小石先生年辈较后,沉潜新学,所以没有沾染什么"遗少"的习气,他能随时代的前进而不断发展。

在上述前辈学者中,沈子培对他的影响尤为深远。沈子培是学识极为渊博的一位学者。王国维誉之为"综览百家,旁及二氏",陈寅恪称之为近代通儒,在国际上也有很高的声誉。他与季石先生原是乡榜同年,其时此老寓居上海徐家汇,因小石先生为故人之子,诱掖奖饰,倍感亲切。沈氏告以"嘉兴前辈学者非有真知灼见,不轻落笔,往往博洽群书,不着一字",小石先生受此影响,学问博大而惜墨如金,体现了嘉兴学者的这一特点。

小石先生寓居梅庵先生家中前后有三年之久。梅庵先生为临川世家,所藏之书画碑帖至富,又精鉴识,小石先生耳濡目染,学识日进,其后他以精鉴著称,颇得力于这一阶段梅庵先生的培植。而他治经主《公羊》,喜读《史记》,也与梅庵先生的治学方向一致。

民国九年(1920年),梅庵先生逝世,小石先生乃由中凡先生推荐,就北京女子高等师范学校之聘,任教授兼国文部主任,讲授文学史、修辞学与诗歌创作等课程。

民国十一年,北京女子高等师范学校改为国立北京女子师范大学,七月小石先生辞职南返。先生旅居北京三年,学生中有冯沅君、苏雪林、黄庐隐、程俊英等人,日后均有所成,其中冯、程等人,一直与小石先生保持着紧密的联系。小石先生初入高校任职,就培养出了这么一批高足,一直引为快事。

是年八月,小石先生转至武昌高等师范学校任教授兼主任,讲授散文、诗选与中国文学史。学生中有刘大杰、胡云翼、贺扬灵、李俊民等人,其后刘、胡均以研治文学史而知名。由其著述视之,可知均曾受到小石先生很大的影响。

民国十三年,小石先生离开武昌高师,先在西北大学任教半年,兼任主任,后以母病,乃回南京,任金陵大学教授兼系主任。自民国十四年起,兼任东南大学教授,兼文理科长。南京向为中国文化重地,学校众多,其中金陵大学为教会创办的私立大学,东南大学则为国立大学。国立大学每有合并改名之举,故东南大学后曾改称第四中山大学、江苏大学、中央大学,小石先生一直在这公私两所学校内任教,每以国立大学为专任而在私立大学兼职,且常是出任研究室主任之类职务。

抗日战争时期,中央大学内迁重庆沙坪坝,小石先生曾在白沙女子师范学院兼职。民国三十二年(1943年)休假时,则至云南大学任教。抗日战争胜利后,小石先生随中央大学复员南京,仍至金陵大学兼课。南京解放后,仍然如此。直到1951年,始不再兼任金陵大学职务。

政府易帜,中央大学改名为国立南京大学,1952年全国高等学校院系调整,南京大学与金陵大学文理学院合并,仍称南京大学。小石先生任职于此,直至1962年去世,时年七十四岁。

小石先生治学的领域至为广泛,在高校中开的课程也甚为丰富多样,内如书法史、甲骨文、修辞学、古器物研究等,都是前人从未涉及的新兴学科,于此可见其开拓能力之卓越、学术建树之丰富。然为当今学科分类计,他所常开的课程,仍为散文、诗歌、文学史、批评史等,今结合其撰述的若干论文,作综合介绍如下:

文学史

中国历史悠久,史学特别发达,然只限于政治史一类,其他有如学术史等门类,则长期附入其中而不能单独成长。中国文学史的情况与此相似。

清代末年,情势巨变。东方的老大帝国在西方列强的侵逼下,连遭打击,国势危殆,遂致群心思变。甲午之役,向以文化输出国自居的天朝上国败于蕞尔日本,更使朝野人士深受刺激,从而引起了深刻的反思。大家觉得一定要对一些旧制度加以变革,才能触发新机,从而摆脱覆国的危险。清廷乃于光绪二十七年(1901)下令续办京师大学堂,次年七月十二日上谕颁布《钦定学堂章程》,大学仿日本例,分为政治、文学、格致、农业、工艺、商务、医术等七科,文学科内则分为七目。光绪二十九年闰十月二十六日又颁布《奏定学堂章程》,增设经学科,然于文学科内之情况则无所变动。

这是影响中国知识分子前途的一件大事:废除行之千年的科举,学习西方学术而兴新学。士人不再以几部儒家经典为中心进行综合性的学习,而是分门别类地接受专科教育。在这时代背景发生根本变化的前提下,中国文学史这一新兴学科乃应运而生。

大家知道,中国之有本国文学史一类的编著,首推林传甲与黄人二人所编的《中国文学史》。黄人其时在其居地苏州基督教会所办的东吴大学任教,因为学校的性质与所处的位置,这一讲义产生的影响无法与林传甲的著作相比。今即从林著《中国文学史》讲起。

侯官林传甲时在京师大学堂优级师范馆任教。他参照大学堂章程与其中的中国文学专门科目所列要求,编此讲义。中国古代本来没有这种分章分节逐项论述的著作。日本自明治维新后,接受西化的时间要比中国为早,已有多种新型的中国文学史出现,中国继起学习西学,自然需要参考日人的著作,因此大学堂章程亦云"日本有中国文学史,可仿其意,自行编撰教授"。这就形成了林著《中国文学史》的特点,一是遵循京师大学堂所订之章程,一是参照日本学者的著作而撰述。林氏自述亦云:"传甲斯编,将仿日本笹川种郎《中国文学史》之意以成书焉。"

可以说,早期各家《中国文学史》的撰述,大都与林著的编写方式相仿,虽然内容有深浅之别,实质则无多大差别。

林著内容包罗万象,第一篇讲文字,第二篇讲音韵,第三篇讲训诂,第四篇至第六篇讲古今文章内容作法之演变,第七篇至第十一篇讲经、子、史之文,第十二篇至第十四篇讲汉魏至"今"文体,第十五、十六两篇讲骈散两种文体。从今人眼中看来,实属庞杂而缺乏体系,但无论日本学者或中国学者,大家都认为若要学习中国文学,就得这么办。日人古城贞吉于明治三十年(1897)著《支那文学史》,或为彼邦出现的第一部较完整的文学史,内容就很相似。反映了那一时期人们的普遍看法。学习文学而无经、史、子方面的知识,则如无本之木;学习经、史、子而不从小学入手,则入门不正,难以取得成绩。显然,这是乾嘉朴学兴起之后形成的传统。

林传甲在《中国文学史》结束时分述骈散两种文体,反映了清末文学领域中两大文学流派的竞争。清代散文本以桐城派之声势为大,王兆符在《望溪文集序》中称方苞"学行继程、朱之后,文章介韩、欧之间",可知桐城派的特点就在模拟唐宋古文而宣扬程朱理学。因其祈向与清廷的政治意愿相符,因而一直得到统治者的青睐。然自清代中叶起,提倡骈文者实繁有徒。自阮元等人倡导学习《文选》始,又形成了后人称之为《文选》派的一大潮流。清代末年,骈文声势之盛,直有压倒散文之势。林传甲在书中结束时说:"散文以表意为主,空疏者犹可敷衍,骈文包罗宏富,俭腹者将无所措其手足也。……传甲谓泰西文法,亦不能不用对偶,中国骈文,亦必终古不能废也。"①可知其时学人对于文坛两派发展趋势之关注。

京师大学堂转为北京大学时,以姚永朴、姚永概与林琴南为代表

---

① 林传甲编著《中国文学史》,宣统二年(1910)武林谋新室印行兼发行。小石先生在《中国文学史讲稿·唐代文学》一章中介绍以地域关系来区分文学的学说时说:"这种议论,尤以日本人之研究中国文学者为尤甚,如笹川种郎之《支那文学史》便主此说,近来颇影响到中国作文学史的人。"可见他阅读过许多日本人的有关著作,并直接阅读了笹川种郎的文学史。

的桐城派，以刘师培、黄侃为代表的《文选》派，就曾或明或暗地展开激烈的争论。这里也有探讨中国文学特点的用意。章太炎撰《文学总略》一文，则以为桐城派与《文选》派的主张均不能说明中国文学的实际情况，因而持最广义之说，主张"榷论文学，以文字为准，不以彣彰为准"①。直到朱希祖主讲中国文学史时，文学与学术的界线仍未划清，实际上是继承了其师章太炎的观点。

谢无量于民国七年（1918 年）在中华书局出版了《中国大文学史》一书，体系庞大，包容了当时所谓国学中的大部分内容，但仍博得大家的欢迎，一再重版加印②，可见这种文学观念潜力之深厚。

民国九年，小石先生北上至北京女子高等师范学校任教，讲授中国文学史。有关其时这一学科的情况，陈中凡先生曾有介绍，他说：

> 其时北京大学开有文学史课，由朱逖先先生主讲。看他的讲稿，分经、史、辞赋、古今体诗等篇，近于文学概论。读其内容，实则是学术概论，非文学所能包括。小石因举焦循《易馀籥录》说，大意谓"一代文章有一代之胜，《诗经》、《楚辞》、汉赋、汉魏南北朝乐府诗，以及唐诗、宋词、明制义，各有它的特色。至后代摹拟之作，便成了余气游魂，概不足道"。③

① 参看拙文《黄季刚先生〈文心雕龙札记〉的学术渊源》，收入《当代学术研究思辨》（增订本），北京大学出版社 2013 年版。

② 此书于民国七年（1918）由上海中华书局出版，至民国二十一年（1932）时已重印 17 次。1967 年台湾"中华书局"又发行新版，至 1983 年时已重印 6 次，大陆于 1992 年亦由郑州中州古籍出版社影印再版。

③ 《悼念学长胡小石》，《雨花》1962 年第 4 期。朱希祖（1879—1944），字逖先，一作逷先，浙江海盐人。章太炎在日本讲授国学时，朱氏与黄侃、钱玄同、周树人（鲁迅）、周作人等同往听课。民国初期进入北京大学任职。曾撰《中国文学史要略》，北京大学出版部 1916 年版。

可见小石先生的文学史观，比之前人与同时学者，已有很多不同。

小石先生在文学史研究中的重要贡献，即将文学从学术中区分出来。他总结前代经验，却是推重《文选》一派。在第一章《通论》部分，他从文笔之辨叙起，云："最后说到清代，对于文学有明显主张的，约分三派：（一）桐城派，主单语，重散文。即古之所谓笔，此派以方苞为首。（二）扬州派，主偶体，重骈文。即古之所谓文，以阮元为首。（三）常州派，调合文笔之说，如张惠言等，均骈散兼工。"后即总结道："以上三派，论信徒之多，必推桐城派。若论立论之精准，却数扬州派。"这是因为"六朝人所下'文'的定义，即前人对于'诗'的定义。惟当时文、笔之分甚严，而所称为'文'者，除内涵之情感以外，还注重形式方面，必求其合乎藻绘声律的各种条件"。可知他在抉择之时偏重《文选》派。因为《文选序》与《金楼子·立言》篇中均有重情与重形式技巧的主张，既有合乎当代文学观念之处，又能注意到我国语言文字的固有特点。

小石先生也反对章太炎在《文学总略》中提出的文学界说，认为"近来的章太炎氏，又主张极广义的：'凡著于竹帛者，谓之文。论其形式，谓之文学。'照他说来，太无限定。凡公司之股票，神庙之签条，均可称之为文，讲去实不胜其烦。现在若要讲文学的界限，与其失之太宽，不如失之太狭。故宁从阮氏之说，而不取章氏之论"①。

小石先生因家庭的关系，本对扬州学派有所了解，这时他从文学界的纷争中进行抉择，基于他当时对中外文学理论的理解，也就自然地倾向于接受扬州学派的理论，从而郑重地介绍了焦循有关"文学一代有一代之所胜"的观点。应该说，这一学说的基本内容是符合中国文学史的实际的，所以后起的各种文学史中无不把汉赋、唐诗、宋词、

---

① 参见胡小石《中国文学史讲稿》第一章《通论》，人文社 1930 年出版，上海古籍出版社 1991 年再版，编入《胡小石论文集续编》，第 11 页。

元曲作为主要内容而加以申述。

小石先生还对焦循的这一学说作了分析，以为其中含有四种崭新的观念：（一）阐明文学与时代的关系，（二）认清纯粹文学之范围，（三）划立文学的信史时代，（四）注重文体的盛衰流变。这一结论，应是可以成立的。只是焦循列举的各种文体中，如明之制义，以为亦可视作一代文学之所胜，则近人无一赞同者；他举"汉之赋"为一代文学之代表，后人亦多争议。因为"纯文学"之说，原是中国学者接受西洋的文学观之后才提出的新观念。西洋向以诗歌、戏剧、小说为文学的主体，因此一些主张彻底贯彻西洋学说的人势难接受赋这样一种文体到文学的行列中去。曹聚仁编《中国平民文学概论》，仅列诗歌、戏曲、小说三种；刘经庵编《中国纯文学史纲》，即在《编者例言》中明确宣布所注重的是中国的纯文学，除诗歌、词、曲及小说外，其他概付阙如①。

赋是一种最富中国文化特色的文体。依用语及结构而言，介于韵文与散文之间；以性质而言，介于文学与学术之间。因此有些人就称它为文学中的"四不像"。汉代大赋的写作最富这一特点。作者写作这类文字，必须具有多方面的才能，因此《魏书》作者魏收才有"作赋须大才"之说。而且赋这一种文体对其他文体的写作影响至巨，例如杜甫的名篇《北征》即曾深受曹大家《东征赋》、潘岳《西征赋》的影响。汉代文士把聪明才智集中在大赋的创作上，《文选》中即首列汉赋多篇，研究中国文学而漠视汉赋的存在，无疑是偏颇不全的。

对汉赋之类文体持确认的态度还是否决的态度，成了文学史者能否从中国实际出发进行撰述的一种标志。

小石先生采纳焦循文学"一代有一代之所胜"说而构建其文学史

---

① 曹聚仁《中国平民文学概论》，梁溪图书馆 1926 年版。刘经庵《中国纯文学史纲》，第 1 页，北平著者书店 1935 年版；东方出版社 1996 年再版。

体系。自他强调汉赋之重要地位后，后起的一些著名文学史家，如冯沅君、胡云翼、刘大杰等，无不采择此说，这一体系遂在学术界成为共识。于此可见，小石先生的文学史观符合中国国情，既能克服前此学人墨守成说者之拘执，又能破除后起学人纯依西学而立论者之偏颇，他对中国文学史这一新兴学科的建设作出了巨大贡献①。

小石先生的这一文学史讲稿乃于民国十八年时取一学生之笔记至上海人文社仓促付印，且仅刊出上编，故全称为《中国文学史讲稿上编》。行世之后，颇获好评。因为此书建立起了一种符合中国古代文学实际的史学体系，而著述者在讲授文学史时，重鉴赏，讲个人的创作经验，继承了以往文学批评的传统，融入了不少个人的心得，故有别于国内外学者的同类著述。余冠英先生亦赞之云："篇幅不长，颇具卓识。"

小石先生的著述态度极为严谨，例如为了讲清永明时所流行的四声八病之说，他广征载籍，参照沈约自己的作品和他所举的例证，证明"沈休文之浮切为平仄"。小石先生续云："我最初以为是一件小小的创获。但后来看见一部湖南人邹叔子所留下的《遗书·五均论》当中早已有此论调，可见刻书要占年辈，否则有剿袭前人的嫌疑。后来看到阮元《揅经室续集》中的《文韵说》又早已如此说法。到后来又细翻到《新唐书》第二百〇一卷《杜甫传论》（附《杜审言传》后）见到有以下几句话：'唐兴，诗人承陈、隋风流，浮靡相矜。至宋之问、沈佺期等，研揣声音，浮切不差，而号律诗。'宋子京在这里所说的'浮切不差'，岂不是明明白白指的是绝不可错乱的律诗中之平仄吗？于是更叹读书及持论之不易。"由此可见其不轻于立论如此。

---

① 参看拙文《文学"一代有一代之所胜"说的重要历史意义》，原载《文学遗产》2000 年第 1 期，后收入《当代学术研究思辨（增订本）》。

《中国文学史讲稿上编》实为一部精审的学术著作,内中不但包容着许多可贵的研究成果,尤其可贵的是贯彻着精到的史识。

《楚辞》

小石先生的研究工作,可说是从《楚辞》开始的。因任博物教师,注意到植物的名称古今有异,有关的介绍,中外不同,因而致力于名实之辨,运用前此有关《尔雅》等方面的知识,研读《楚辞》。他在旧学方面有深厚的基础,新学方面有近代的科学知识,又因年轻时即已诗学湛深,各方面的修养均已齐备,其成就也就超出时人甚远。

民国九年(1920 年),小石先生至北京女子高等师范学校任教,讲授《楚辞》时,首用人神恋爱的新说解释《楚辞》中的爱情描写。这在《楚辞》学上具有划时代的意义。前人讲《楚辞》时,均据王逸、朱熹之说,以为屈原运用美人香草手法,借以表示眷怀楚国,系心怀王。尽管这种解释与《楚辞》文意扞格难合,但因其时尚无新的学术观念出现,大家只能默守成说。小石先生通过日语阅读过许多社会科学方面的著作,而他又喜博览,平时积累了很多民俗学、宗教学、神话学等方面的知识,于是首先提出了人神恋爱的新说。学生辈受到启发,起而阐扬此说,苏雪林随作《楚辞九歌与中国古代河神祭典的关系》等文[①],其后这一种新说遂为"楚辞"学界广泛接受。

小石先生至云南大学任教时,仍主讲《楚辞》。其时闻一多、游国恩在西南联合大学任教,亦授《楚辞》。闻、游二人于此均有很多著作行世,小石先生之新见因不留文字之故,罕为世人所知,实则他在这方

---

① 载《现代评论》第八卷 204—206 期,后收入《蠹鱼生活》,真善美书屋 1929年版。

面的见解,不逊于任何一位《楚辞》学者,他的贡献有益于学界者甚多。

闻、游二人的年辈,比之小石先生稍后,因此二人的文字,现代学术论文的色彩要明显一些,但其严谨的程度却未必更高。闻一多本为新诗人出身,故在论证《九歌》诸神时想象的地方很多。游国恩在《楚辞》的很多方面作过开拓,但在文献的处理上或有不规范处,例如他在论证河伯的家族时,还把一些后代材料中的传说引作证据,实则这是不该用于论证先秦传说中的地祇的①。

小石先生以时代先后与著作性质为准,把有关神话传说的材料分为五等。

一等材料为《诗经》《尚书》。《诗经》中的《生民》《玄鸟》等诗,保存着先民的感生说。《尚书》中可发掘部分材料,但此书已历史化,故对之不能存很大希望。

二等材料为《楚辞》中的《离骚》《九歌》《天问》等文。《山海经》《穆天子传》很重要,先秦诸子中《庄子》《吕氏春秋》等书中也有材料可发掘。

三等材料,如今文中的纬书,《易乾凿度》《诗含神雾》《春秋潜潭巴》《孝经钩命诀》等,已多残佚,带有浓厚的方士色彩。《淮南子》和《史记》中的材料具中等价值。

四等材料,如《列子》、皇甫谧《帝王世纪》、干宝《搜神记》等。

五等材料,如王嘉《拾遗记》、沈约《宋书·符瑞志》、《神异经》、《汉武故事》、《汉武帝内传》等。

研究神话传说时,首应援用一、二等材料。在一般情况下,不宜援用四、五等的材料去论证先秦时期的神话传说。

---

① 《论九歌山川之神》三《论河伯》,载《读骚论微初集》,商务印书馆1934年版。

于此可见他在治学方面的谨严态度。

小石先生著《〈楚辞〉郭注义征》一文，就是在为发掘第一等材料而努力。郭璞是晋代的大学问家，《晋书》本传言其曾为《楚辞》作注，然至宋代，已无传本。今所存者，汉注唯有王逸一种。小石先生以为郭璞曾为《尔雅》作注，列为《音义图谱》，又注《三仓》《方言》《穆天子传》《山海经》《子虚上林赋》等数十万言，诸书内容均与《楚辞》相通，援用这些书中的材料，用以解释《楚辞》中的名物，自能相合。因此《〈楚辞〉郭注义征》一文，可为郭璞《楚辞注》恢复基本面貌，用以阅读《楚辞》，其价值可与王注并重。

这一文字，可谓导夫先路。其后饶宗颐撰《晋郭璞〈楚辞〉遗说撷佚》，采取的是同样的视角与方法①。

他对名物的辨析具有独到的功夫，因此他在讲授《楚辞》时新见迭出。例如他在讲到《离骚》"余既滋兰之九畹兮，又树蕙之百亩"时，根据南宋吴仁杰的《离骚草木疏》，指出兰、蕙属唇科植物，一茎一花称为"兰"，一茎数花称为"蕙"。"纫秋兰以为佩"中之"兰"，为泽兰，方茎对叶，属唇形科，紫苏、薄荷之类。"朝饮木兰之坠露兮"中之"木兰"，即木莲，木本，常绿植物，夏季开花，叶大，光滑，背有毛。解释草木之名，而能如此具体深入，只有博通古今者才能如此。又如他在讲到《九歌·国殇》中"左骖殪兮右刃伤""霾两轮兮絷四马"时，即依考古材料画出古时车子的图形，什么毂、轼、衡、盖等，一一指陈，学生也就可以具体把握；又如讲到《湘夫人》中"筑室兮水中"时，也就绘出古时的居屋图，学生也就一目了然，对《楚辞》中叙及之生活环境均可清晰地了解。

如果说，《〈楚辞〉郭注义征》一文体现了小石先生早年学习农博科

① 载《楚辞书录》外编《楚辞拾补》，为其中的第二部分，香港苏记书庄1956年版。

而介入国学中的《楚辞》研究的人生转折,《〈离骚〉文例》一文则体现出了他深受清儒影响的另一侧面。小石先生在两江师范求学时,曾从日籍教授学习修辞学,而他又喜读高邮王氏之书,再加上他在专业训练中特别关注植物分类,因此在对古文献作整理与分析时,喜作文例的研究。例如他在研究古文字时,曾作《金文释例》《甲骨文例》等文。其中有关甲骨的这一著作,学术界公认这是甲骨文中文法研究的开山之作。

屈原之作,以年代久远故,文字的表达方式与今有异,后人难以理解。小石先生以为历经汉、宋两代王逸、朱熹等人详加注释之后,文字大体可读;清儒戴震等人再加以梳理,文字上的层次始能了然。小石先生在此基础上再作深究,对语句中出现最多又起关键作用之词的用法详加辨析,借此可以细致而正确地把握全文脉络。《〈离骚〉文例》条分缕析,共分三十二例,每一个例子中又分出几种不同情况,且各举例以明之。例如(廿四)言"既又"例曰:

> (甲)以"既又"开阖为对文者,诗云"终风且暴",犹言既风又暴也。
>
> 纷吾既有此内美兮,又重之以修能。
>
> 余既滋兰之九畹兮,又树蕙之百亩。
>
> 既替余以蕙纕兮,又申之以揽茝。
>
> (乙)以"既又"开阖而不为对文者。
>
> 闺中既以邃远兮,哲王又不寤。
>
> 既干进而务入兮,又何芳之能祗?
>
> (丙)省又。
>
> 初既与余成言兮,后悔遁而有他。(言后又悔遁而有他也。)

（丁）省既。

> 苟中情其好修兮，又何必用夫行媒？
>
> 椒专佞以慢慆兮，樧又欲充夫佩帏。
>
> 固时俗之流从兮，又孰能无变化？
>
> 羿淫游以佚畋兮，又好射夫封狐；固乱流其鲜终兮，浞又贪夫厥家。
>
> 已矣哉！国无人莫我知兮！又何怀乎故都！

（戊）既在下列。

> 跪敷衽以陈辞兮，耿吾既得此中正。

从（甲）例引及《诗》"终风且暴"中句视之，可知此文乃循王引之《经传释词》的路子，而又作了新的发展。读者循此阅读《离骚》，可得正解。

小石先生写作《〈远游〉疏证》一文，明云仿孙志祖《孔子家语疏证》而成。这类文字偏重实证，不重推论，可觇其与清儒朴学传统联系之紧密。

小石先生将《远游》全文与其他文字比较，云："细校此篇十之五、六皆离合《离骚》文句而成（《九章·惜诵》亦类此）。其余则或采之《九歌》《天问》《九章》《大人赋》《七谏》《哀时命》《山海经》及老、庄、淮南诸书。又其词旨恢诡，多涉神仙。（《九辩》末'愿赐不肖之躯而别离兮'一节，亦颇相类，惟彼文结语曰'赖皇天之厚德兮，还及君之无恙'，则与超无为邻太初者异趣矣。）疑伪托当出汉武之世。"可知这里用的也是疏理出处再从学术上加以区分的方法。

小石先生引用例句时，表现出了很高的识见，例如他在阐释"恐天时之代序兮，耀灵晔而西征。微霜降而下沦兮，悼芳草之先零"数句时，云："此数语隐括《离骚》'日月忽其不淹兮，春与秋其代序。惟草木之零落兮，恐美人之迟暮'大义。"于此可见小石先生对于典籍的精熟，亦可见其创作经验之丰富，只有那些老于此道的人才能发现前人变换笔法的踪迹。

又如他在阐释"壹气孔神兮……虚以待之兮"时，云："'壹气'犹《老子》言'专气致柔'之'专气'。'孔神'《老子》言'孔德之容'。'孔'读为'空'，虚也。'虚以待之'，《老子》言'致虚极'，言'虚其心'，言'保此道者不欲盈'。"于此可见其视野之开阔。文字方面的正解，得益于朴学方面的深厚修养。

又如他在阐释"贵真人之休德"时，引《史记·秦始皇本纪》卢生说始皇："真人者，入水不濡，入火不蒸，陵云气，与天地久长。"这种诠释之法，不引申，不发挥，与时人颇为不同。20世纪二三十年代的辨伪学者写作有关《楚辞》的文章，采用进化的观点，涉及思想史方面的问题，旁征博引，辗转为说，借此把《楚辞》方面的文章区别出作者的不同年代。这类文章看起来论证得似乎更细致，但因多用假设、推论等手段，其不确定性也会大大增加。小石先生的这类文字，纯以排比为手段，读者自可根据材料自行推断，故颇有引而不发之势，这就会给读者留下更多思考的余地。

在小石先生为数不多的《楚辞》论文中，还有《楚辞辨名》一文值得注意。此文篇幅无多，文字简练，解决了《楚辞》方面很多混淆不清的问题。

后人阅读古书，每因不明体例而徒滋纷扰。小石先生举吴子良《林下偶谈》为例，言其"訾《选》名为无义"。实则后人常举某些人的一些名作作为代表，借以指代其他。《昭明文选》以"骚"为类而收入他文，刘勰《文心雕龙》于《辨骚》篇中纵论《楚辞》诸文，均属此意，而目下的一些《文心雕龙》学者尚闉闉争辩，有的学者还不明此义而责怪前人，实则小石先生早已把这个问题简单明了地解决了。

小石先生把《楚辞》的各种不同称呼一一分析，文字简练，举证丰富，末复归纳有力，云是：

> 合上所举观之，名"楚辞"，以声言；名"骚"，以情言；名"赋"名"经"，以地位言。

按此原理而读涉及《楚辞》之文，无不通达无碍，此文之可贵在此。

新中国成立之后，小石先生还作过一个名为《屈原与古神话》的讲演。内分三个部分：一是古神话的一般问题，纵论中外许多古老民族神话传说，因地区不同，在各种条件的影响下而各不相同，中国的神话传说中历史性的核心，被儒家扩大了它的作用，许多美丽动人的事分别散见于各种篇籍之中，长篇史诗产生特迟。二是屈原与《天问》。这是讲演的重点。小石先生以为，屈原赋中著录古代神话最丰富的篇什是《天问》，其实乃"问天"之作。上半篇所问者多属自然现象，下半篇所问者大概属古史记录的方面，许多神话材料杂出散见其中。他从其中抽出（一）人类始祖说；（二）自然现象；（三）洪水故事；（四）古英雄记四个方面，各举例以阐说。从中可见其视野之广阔，各种文献与地下发掘材料，中外相类故事，均驱使自如。小石先生随后指出："屈原不是一个神话的传播者，相反的他是一个神话的怀疑者。""他不像那些把神话历史化的人，拿理性化的历史去说教。他从幻想的自然观和社会观的迷雾中飞跃出来追求唯物的真理，是科学思想的开端。我们可以这样说：人类智慧的发展，到此大大地进了一步。"于此可见，小石先生的研究工作客观而公正，尊重事实，不歪曲文本而迎合政治需要与世俗之见，这也是他的研究著作能够经受得住历史考验的原因之所在。

唐　诗

小石先生在东南大学任教时，与扬州李详（审言）、江宁王瀣（伯沆）共事，俱授杜诗。李详为《选》学大师，曾撰《杜诗证选》《韩诗证选》等文，讲授杜诗时，也以诠释杜诗之出处为重点；王瀣服膺宋学，讲课时不忘时政，因此讲授杜诗时，也时而联系古今政治进行阐发。

李、王二人声名早著，年辈比小石先生为高。三人同时讲授杜诗，对于小石先生来说是有压力的。但他诗学湛深，对杜诗饶有心得，因而讲授之时自成一格，同样受到学生的欢迎。

小石先生因出身师范教育之故，在教学的每一个环节，如情绪的掌控、板书的编排等方面，都有高超的表现。又加口才特佳，且有一手漂亮的字，学生都称听胡先生讲课，犹如享受。然因前时缺乏录音等设备，又无听课记录可供参证，今日已难复原小石先生讲授杜诗时之风神。只是小石先生前后曾作过三场有关杜诗之学术讲演，后已整理成文章，亦可借此一窥先生杜诗学之一斑。

《李杜诗之比较》一文，乃据 1924 年的一份讲演记录稿整理而成。李、杜为盛唐时期并立于诗坛的巨擘，在中国文学史上占有重要地位。二人风格各异，成就不同，后人常作比较的研究，用以分析彼此不同的创作特点，进而探讨其成因。1927 年时，傅东华作《李白与杜甫》一书；1933 年时，汪静之作《李杜研究》一书，均由商务印书馆出版。可知小石先生的研究为时更早。相比之下，小石先生的分析更为透辟，见解更为深入。

小石先生首先介绍了前人进行比较的几种方法。有的人以地域不同做比较，以为杜甫代表北方诗人，李白代表南方诗人，这是民国初年一时很风行的理论。日本人研究李、杜的诗，多从此入手，如对中国文学史研究产生过很大影响的笹川种郎《支那文学史》便主此说。自刘师培作《南北文学不同论》后，此说更为风行。但小石先生以为，交通便利、政治统一之后，以地理作区分，已靠不住。李、杜生于盛唐，不宜依此理论剖析。

有的专家根据思想的不同而做比较，以为李白代表道家，杜甫代表儒家，李作多有超出人世之感，杜作则句句不脱离社会。小石先生以为这话有一部分道理，但应注意二人思想并非根本上不相同，因此这一点也不必引申。

李、杜之不同，最好侧重艺术上之表现来做比较，为此他把中国古代诗歌之流程作了历史的考察，说明二人所走的路完全不同。下面他又从用字、内容、声调等不同方面着眼而进行分析。因为他在诗歌的创作上有丰富的经验，故对此有个人独到的体会，如云："少陵五律最长最有名的如《秦州杂诗》二十首之类，可认为从庾信《咏怀》诗化出。这是唐人所未走的路。"由此可觇杜甫在诗体创新上的贡献之巨。

小石先生论杜诗声调，则从观察拗体着眼，以为"子美作诗，内容及声律都极力求避前人旧式，所谓用一调即变一调，后来宋人能学他的善变处，至于明人只学得他的高腔大调罢了"。可见他的观察问题，是把李、杜诗歌放在中国诗歌发展史的长河中进行考察的。

小石先生在讲演结束时，又作了简明扼要的总结：

　　李守着诗的范围，杜则抉破藩篱。李用古人成意，杜用当时现事。李虽间用复笔，而好处则在单笔；杜的好处，全在排偶。李之体有选择，故古多律少；杜诗无选择，只讲变化，故律体与排偶都多。李诗声调很谐美，杜则多用拗体。李诗重意，无奇字新句，杜诗则出语惊人。李尚守文学范围，杜则受散文化与历史化。从《古诗十九首》至太白作个结束，可谓成家；从子美开首，其作风一直影响至宋、明以后，可云开派。杜甫所走之路，似较李白为新闸，故历代的徒弟更多。总而言之，李白是唐代诗人复古的健将，杜甫是革命的先锋。

这一研究成果极富启发性，对后人有巨大影响。1962 年中华书局印行《杜甫研究论文集》第一辑时即被收入。

小石先生所作《杜甫〈北征〉小笺》《杜甫〈羌村〉章句释》二文，原来是二十世纪六十年代为中文系同学所作的两场报告，从中可见他在讲授杜诗时的一些思路。

《杜甫〈羌村〉章句释》开端，有小序介绍二诗之关系与不同。首云：“《羌村》作于至德二载秋自凤翔还鄜州省家后，殆与《北征》同时。所写情景，多可补《北征》中所未道者，而以小诗形式出之。”其后他就诗体之大小不同者作比较的研究，分述云：

> 凡诗之长篇与短篇，为用不同。以戏曲譬之，长篇如整体连台戏，短篇则折子戏。长篇波澜壮阔，疏密相间，变化起伏，而不能处处皆警策。短篇则力量集中，精彩易见。亦犹观折子戏者，每感其动人之效果迅速，易于见好也。

小石先生之释《羌村》，可注意者，一为体察之细，一为功力之深。后者如释“兵革既未息，儿童尽东征”二句，曰：

> 东征意指收京。“儿童”，一作“儿郎”，今不取。二语差异甚大。言儿郎可以该“丁”，尚未尽兵祸之惨酷。言儿童则壮丁尽而未成年者亦执戈而赴戎行。杜《新安吏》作于乾元二年九节度相州溃师之后，诗云：“客行新安道，喧呼闻点兵。借问新安吏，县小

更无丁。府帖昨夜下，次选中男行。中男绝短小，何以守王城？"事与此正同。案：唐人丁口制度，随时变更。据王溥《唐会要》卷八十五《团貌》条，自高祖武德至玄宗天宝，丁年凡三变（《旧唐书·食货志》文同）。今条列如下：

武德六年（六二三）三月　始生为黄　四岁为小

十六为中　二十一为丁

八十为老

神龙元年（七〇五）五月　二十二成丁

五十九免役

天宝三载（七四四）十二月　十八以上为中

二十三以上成丁

凡朝野太平，则成丁之岁数亦较晚。今丁已尽遣，乃及中男或更幼者，故云儿童尽东征也。至《垂老别》，则征及老翁。《石壕吏》索老翁不得，并老妪亦往应征，为状更惨。

"儿童"为常见之词。诸家注杜，未见有如是深入者。小石先生考成丁年岁之变化，用以分析其时征战之残酷，人民受苦之深，读者自可由此懂得注释诗歌水平之高下。

一般人读诗，每视难字与典故为拦路虎，实则这些都可借助辞书加以解决。读者欲求欣赏水平的提高，自不能停留在这一层面上。他们必须在通解全诗的基础上，阅读一些富有启发性的赏析文字，进而探求古人用字遣词之妙。

小石先生在释《羌村》第一章首句"峥嵘赤云西，日脚下平地"时说："'西'在此，不仅是方位字，当读为动词。如山之大云向西而移，知其时为东风。言赤者映日之故。云隙漏出日脚，日脚下地，言将暮也。"就是一种深入一层的解读法。常人于此每囫囵吞枣，体会不到杜诗措辞之妙。小石先生随后于释"妻孥怪我在,惊定还拭泪"后说:"开门一见,不言喜而言怪者,以为甫死久矣,不意其尚在。言喜反浅也。"随后他又申述道:

> 前辈诗人在技术上有一控制世间万象之武器,即动词是也。故凡动词之选择与烹炼,须求其效果能生动、深刻、新颖而又经济,实费苦心。观昔人改诗诸例,如"身轻一鸟过"之"过","天阙象纬逼"之"逼","僧敲月下门"之"敲","春风又绿江南岸"之"绿"。其所经营再四而后能定者,皆属动词,可以悟其理。

这样的文字,富有启发性,对读者最为可益。

《杜甫〈北征〉小笺》一文,首先对杜诗中的这一鸿篇巨制的历史意义作出评价,文曰:

> 《北征》为诗中大篇之一。盛唐诗人力破齐、梁以来宫体之桎梏,扩大诗之领域,或写山水,或状田园,或咏边塞,较前此之幽闭宫闱、低回哀怨者,有如出永巷而骋康庄。至杜甫兹篇,则结合时事,加入议论,撤去旧来藩篱,通诗与散文而一之,波澜壮阔,前所未见,亦当时诸家所不及(元结同调而体制未弘),为后来古文运动家以"笔"代"文"者开其先声。后来诗人如元和中韩退之,如宋代庆历以来"宋诗"作者之欧、王诸家以至"江西诗派",至近世如所谓"同光体",其特征大要皆以散文入诗,其风气几无不导源于杜,亦可云自《北征》一篇开端。

这就为《北征》一诗在文学史上的地位树立了指标的意义。莫砺锋在《杜甫评传》中也援引上文而指出:"我们认为对于《北征》的总体评价以胡小石《杜甫〈北征〉小笺》为最确切。"①

小石先生接着对此诗写作手法的创新作了具体分析,文曰:

> 《北征》,变赋入诗者也,题名《北征》,即可见之,其结构出赋,班叔皮《北征》、曹大家《东征》、潘安仁《西征》,皆其所本,而与曹、潘两赋尤近。其描写最动人处,如还家见妻儿一段,则兼有蔡文姬《悲愤》、左太冲《娇儿》两作之长。其胪陈时事,直抒愤懑,则颇得力于庾子山《哀江南赋》。杜极称庾诗赋曰:"清新庾开府。"《哀江南》在赋中为新,《北征》在诗中亦为新也(杜短韵亦多得力庾子山拟咏怀诗)。总之,《北征》一方则奄有众长,一方又独抒己见,两者结合,诚所谓古为今用也。

其后他就全诗逐句进行分析,内中有笺证,有鉴赏,妙义纷披,令人起切理厌心之感。中如释"坡陀望鄜畤,岩谷互出没。我行已水滨,我仆犹木末"曰:

> 人非猿猱,何得行于树杪? 盖诗人写景,往往只取片时之感觉,纳入文字,不俟说明,骤见似无理,而奇句却由此而生,谢朓《郡内高斋闲望》云"窗中列远岫,庭际俯乔林",已创斯妙。而杜自早岁即喜用之,如《渼陂行》云:"船舷暝戛云际寺,水面月出蓝田关。"稍后,如《白水县崔少府高斋》云:"高斋坐林杪,信宿游衍阒。清晨陪跻攀,傲睨府峭壁。"尤妙者,以此拔入咏画之作,遂极突兀可喜。如《丹青引》"玉花却在御榻上",马竟登床,如《奉先刘

① 见第二章《广阔的时代画卷与深沉的内心独白》,南京大学出版社 1993 年 10 月版。

少府新画山水障歌》云:"堂上不合生枫树,怪底江山起烟雾。"树生堂上,尤奇者如《严郑公厅事岷山沱江画图》云:"沱水流中座,岷山到北堂。白波吹粉壁,青嶂插雕梁。"白波吹壁而壁不倾,青嶂插梁而屋不破,是画也,非真也,然说出反浅。所谓诗要通,又要不通,要不通之通。

这类文字,体会细腻而真切,从中可见作者非仅胸罗万卷,其难得者尤在对诗中的隐微之处能一一抉发而将奥妙之处娓娓道出。

然统观全局,小石先生之释此诗,最难能可贵之处犹在窥破杜诗中之史识。《北征》末尾,结合时事,入以议论,叙当时战局曰:

仰观天色改,坐觉妖氛豁。阴风西北来,惨澹随回纥。其王愿助顺,其俗善驰突。送兵五千人,驱马一万匹。此辈少为贵,四方服勇决。所用皆鹰腾,破敌过箭疾。圣心颇虚伫,时议气欲夺。

小石先生释之曰:

"阴风西北来,惨澹随回纥"二句影射回纥衣饰,此应与《留花门》诗相参证。《留花门》诗有"连云屯左辅,百里见霜雪"句,亦状回纥之服色。按回纥奉摩尼教,其教色尚白。摩尼教出自波斯教。波斯教本为祆教,又曰拜火教,摩尼教即由祆教发展而来。摩尼教何时开始传入中国,此有二说。法人沙晚于《摩尼教流行中国考》中云不早于唐肃宗宝应元年(七六二年)。则子美作《北征》际,尚不见摩尼教于中国,此说实误。沈曾植《和林三唐碑跋九姓回纥毗伽可汗碑跋》中叙摩尼教与回纥关系极精确,云"开元以后,为大食所驱,乃东徙而入回纥",并云:"其徒白衣白冠。"及后，会昌中曾禁此教，逼使教徒服便衣。由此可证：至德二载回纥已信摩尼教矣。回纥旌旗为白色，此文献有证。《旧唐书·回纥传》：“子仪至新店，遇贼军战，却数里，回纥望见，逾山西岭上曳白旗而趋击之，出其后，贼众大败。”（《新唐书》同段作“即逾西岭，曳旗驱贼”，则失其旨矣）又《旧唐书·李嗣业传》亦载此事：“嗣业与子仪遇贼于新店，与之力战数合，我师初胜而后败，嗣业遂急应接。回纥从南山望见官军败，曳白旗而下。”

从这一段笺证中，可知小石先生识见之卓越，诚可谓读诗有得。沈曾植（子培）为清末研究西北史地之杰出人物。小石先生在学术上深受其影响，由是对于唐代西北诸多少数民族之宗教、习俗、服饰等有详尽之了解，才能对这类诗句的底蕴有深入的发掘。这些地方足证小石先生之学识，比之前人与当代注家，均有其优胜之处。

而小石先生之释《北征》，目光关注者，尤在“凄凉大同殿，寂寞白兽闼”两句。这两句，“宋以来注家皆未注意，亦未得其解”，所以他在《小笺》中详加阐发。

首先，他对这两句诗内的殿阁之名加以说明。

> 宋敏求《长安志》九，记南内兴庆宫、勤政楼之北曰大同门，其内大同殿。案兴庆宫位于京城朱雀街兴庆坊，坊本名隆庆，玄宗龙兴旧邸。此宫玄宗即位后仍常居之。著名之勤政、花萼二楼，龙池、沉香亭皆在其中。《新唐书》二百七《宦者传·高力士传》：“帝斋大同殿，力士侍。帝曰：‘我不出长安且十年，海内无事，朕将吐纳导引，以天下事付林甫，若何？’力士对曰：‘天子顺动，古制也……天下柄不可假人，威权既振，孰敢议者？’帝不悦。力士顿首，自陈心狂易，语谬当死。帝为置酒，左右呼万岁。”案此处问答

数语，实与后来天宝乱事有关。而问答之地，乃在大同殿。白兽阁当为白兽门，以协韵改阁。白兽门，《长安志》无记。以唐宫三内，门户繁多，实不胜载。向来注家多引《三辅黄图》释之。以汉宫例唐宫，终不得确解。今据《旧唐书》八《玄宗纪》，记玄宗诛韦后奠定帝业始末云：中宗暴崩，韦后临朝称制，"遂以庚子夜，率（刘）幽求等数十人，自（禁）苑南入。（苑）总监钟绍京又率丁匠百余人以从，分遣万骑往玄武门（宫城北门，北临禁苑。入门即西内太极宫。太宗诛太子建成，即率众由此门入。）杀羽林将军韦播、高嵩，持首而至。众欢叫大乐，攻白兽、玄德等门，斩关而进。左万骑自左入，右万骑自右入，合于凌烟阁前。时太极殿前有宿卫梓宫万骑，闻噪声，皆披甲应之。韦庶人惶惑，走入飞骑营，为乱兵所害"。《新唐书·玄宗纪》略同，但云入玄武门，会两仪殿（在太极殿北），而不及白兽、玄德等门。据《长安志》图凌烟阁所在，近西内宫城东北隅，西南往太极殿，以旧书所记参之，玄宗率众入白兽等门，斩关而进，合于凌烟阁，则白兽门当在凌烟阁北不远之地，入门至阁，经阁西南行至太极殿，此门在当时，必为西内入玄武门后由北往南所经之一要地。《资治通鉴·唐纪·睿宗纪》上记此役颠末，即略本《旧唐书》，云隆基使李仙凫将右万骑攻白兽门。胡三省注：白兽门即白兽阁，即杜甫《北征》所谓"寂寞白兽阁"者。与玄武门皆通内诸门之数，可谓近之。杜特著之诗句中，见玄宗后来成帝业与之有关。

小石先生随后又说："杜《北征》诗篇末方颂新君，忽著此二语，皆关上皇旧事，其用意甚深微曲折。"随后他即广征载籍，叙及玄宗蒙尘途中有分道制置之举，而肃宗旋即皇位于灵武。制置之谋，肇于房琯，陈陶斜之败，肃宗归罪于房琯，杜甫以谏官上疏救之，几罹不测。"肃宗以怨父者怨琯,又以恶琯者恶杜,故杜自此后由华州奔秦州,由秦州奔同谷,由同谷奔成都,转夔巫,出三峡,流落湖湘,羁旅终身,漂泊以死,诗人固李氏王朝宫廷政争中之一牺牲品也。"文章分析至此,读者始可明白这两句诗的含义之深,涉及面之广。如此读诗,始可知杜诗何以会享"诗史"之盛誉。

小石先生随后又总结道:

> 《北征》于歌颂中兴之余,忽参入此二语,其事皆与肃宗无关,而悉出上皇,与上文似不甚连类。用意极隐微,实一篇主旨所在。故杜早于灵武擅立、成都内禅之日,已豫见玄、肃将来父子之关系必至恶化,固不待南苑草深,秋梧叶落,始叹上皇暮境有悲凉之感。古今行内禅者亦多此结局也。

熟悉杜诗的读者当可发现,小石先生走的是以诗证史的路子,故与钱谦益的治学方法相通。此文末尾也说:"昔钱牧斋作《草堂诗笺》,深得知人论世之义,高出诸注家。其于《洗兵马》一篇,即发扬玄、肃当时宫闱隐情。惟于《北征》初未之及,故复于此曲折说之,俟言诗者教焉。"实则钱谦益对《洗兵马》一诗的笺释,颇多穿凿,故自《草堂诗笺》问世时起,即招到潘耒等人的诘责。小石先生不没前人之长,为前贤讳,他的后续工作,确已显得更为精当。因此此文于1962年《江海学刊》第4期刊出后,即为学界所推重,旋被1963年中华书局出版的《杜甫研究论文集》第三辑所收入。

邓小军在《杜甫〈北征〉补笺》中说:

> 《北征》是杜诗煌煌巨制。对于了解杜甫和杜诗,具有举足轻重的作用。1962年,胡小石先生在《江海学刊》发表《北征小笺》,

对《北征》的研究取得突破性成就。本文拟在《北征小笺》基础上作出补充笺证,详人之所略,略人之所详,以就教于方家。①

由此可见此文影响之巨。

小石先生还曾写过一篇《张若虚事迹考略》。然因文献阙如,只能对张氏事迹作尽可能的发掘,而从小石先生的驱使材料而言,可见其对于文献之娴熟,亦可见其对于此诗之挚爱。

小石先生还曾作过一次《南京在中国文学史上的地位》的讲演,最后总结道:

> 合而观之,则南京在文学史上可谓诗国。尤以在六朝建都之数百年中,国势虽属偏安,而其人士之文学思想,多倾向自由方面,能打破传统之桎梏,而又富于创造能力,足称黄金时代,其影响后世至巨。

论证南京文学之显著于世,当自孙吴之后,故叙其发展,首重东晋以下南朝时期之诸代,而以后来之南唐为其尾声。"盖以有创造性之事实言之,当如此也。"可见他的考察问题,总是以"创造"为首要,即使是对一时一地之宏观透视,亦作如是观。因此,他在这一讲演中提出的几点看法,对于研究中国文学史的人实有重要的指导作用。

小石先生指出:中国文学,及其有关诸方面,真正在南京本地创成者,以次数之,可有下列诸事:

(一)山水文学。

(二)文学教育,即文学之得列入大学分科。

---

① 载《北京大学学报(哲学社会科学版)》第 44 卷第 3 期,2007 年 5 月。

（三）文学批评之独立。

（四）声律及宫体文学。

他对这四个方面都有精到的分析。例如介绍《宋书·雷次宗传》中记宋文帝元嘉十五年（438）在北郊鸡笼山（今之北极阁）开四馆教学，而以谢元（谢灵运从祖弟）主文学。"此次开四馆，可为世界分科大学之最早者。而以文学（诗赋）与儒学（经学）平列，又为文学地位增高之新记录。此与唐代自开元起以诗取进士，有同等重要。吾人于此不得不言对于文学脱尽西汉以来之传统观点，真能明了其价值者，实从南京起也。"这样分析问题，纯出客观，具有说服力，绝非对于生长地区的阿好之词。

这次讲演最后论声律与宫体，态度也极为客观，故结论亦合乎事实。云："所谓宫体者，以托咏宫闱，词旨轻艳，为纯粹抒情诗之一。此类专言人世男女恩怨之作，实起自民间多数无名人之歌咏。""山水文学盛行后，一般文士更辟新路，即以此等民间俗文学为基础，而加之藻采，复与声律之原则结合，以增声音上之铿锵，纯乎惟美主义。其描写闺阃女性，往往犯色情之诮。然是时帝王以至士大夫能诗者，殆莫不好此，此为南方文学特殊现象之一。""隋人平陈，固取得征服者地位，然炀帝杨广，即为一出色之宫体诗人，其平陈也，乃并南京之文学而接收之。如《春江花月夜》一曲，陈代原作已失传，今世所见者，反以炀帝所作二首为最早也。""宫体文学发展至最后，往往浸入玄想，初唐之张若虚、刘希夷诸家之长歌，堪为好例。"这一番议论，可谓宫体文学的一段小史，即以今日之目光视之，亦可称精彩纷呈，可圈可点。

七　绝

小石先生早年从散原老人学诗，因才情卓异，风神秀美，故受命从唐人七绝入手,而后再依性之所近,兼习各体。小石先生诗名日盛,精通各体,然于七绝仍情有独钟,生平讲诗,喜作七绝之剖析。1934 年时曾为金陵大学研究生专设一课,尚存其时的讲义。吴白匋先生在《胡小石先生传》中介绍说:

> 首作引论,言我国诗歌,擅长于短篇中见其机趣,而七绝最妙。其源流正变,始于刘宋汤惠休之《秋思引》,自南齐永明以后,逐渐采用律调,其内容乃当时宫体。不离闺情,至唐人扩大范围,方尽其能事。唐乐府诗可以被之管弦者,往往为七绝诗,实为"词"体之祖。七绝以抒情为正格,以叙事议论为变格。次论唐七绝句正格,自显而隐,分十六格,各举一名作为首例,下录同格者若干首附之。……十六格中,第一至第五格为对比今昔,第六至第八格为对比空间差别,第九格为超过因果关系,第十格、第十一格为设问答,第十二格至第十四格为假设想象,第十五格为事物之人格化,第十六格为意在言外。最后附唐人习用三字之名词押末句韵脚,以求重点突出,音节铿锵一法。经此解剖,七绝诗作法大明,乃极便于鉴赏与追摹矣。又次讲七绝变格,所选为杜甫诗数十首,择要言之,最后以王建、王涯宫词与曹唐小游仙诗大篇叙事诗作附录备参考。①

《七绝诗论》中,其有关"今昔对比"者讨论得尤为深入。今人作诗歌赏析,亦莫不致力于此,小石先生过人之处,在于能将诗人抒发今昔之感如何落实,有具体而明确之指陈。他借用了绘画理论中的一个术

---

① 吴徵铸,字白匋,20 世纪 30 年代初就读于金陵大学。所作《胡小石先生传》,发表在《文献》1986 年第 2 期。

语"勾勒"，借以提示诗人如何将此四句写得跌宕起伏，前呼后应。这样的分析，不但可以帮助读者明白诗歌的结构，而且有助于指导读者也去从事创作。

按前人运用勾勒说分析文学问题者颇多①。小石先生赋予新的含义，意指诗中的一些关键词，涉及全诗意脉流动中之呼应与结构。详观他在全文中的分析，实与他在诗歌与书法等方面具有深厚的学养与具体的体验有关。

今先详引全文开端分析王昌龄《从军行》（五首之一）一诗之分析文字。王诗云：

> 琵琶起舞换新声，总是关山旧别情。撩乱边愁听不尽，高高秋月照长城。

小石先生分析道：

> 七绝书写情趣，若加以分析，其最重要之一点在于表现时间上之差别，即今昔之感。生命短促，时间不能倒流。屈原悲"老冉冉其将至"，"冉冉"为行貌，继乃申之曰："日月忽其不淹兮，春与秋其代序。惟草木之零落兮，恐美人之迟暮。"夫人生最感甜蜜者为回忆，回忆即将过去所得之生命，使其重新活动于眼前。
>
> 如饮苦酒，虽苦而能令人陶醉也。此意后世诗人各以当时流行之形式写之。如郭璞《游仙诗》之一：
>
>> 六龙安可顿，运流有代谢。时变感人思，已秋复愿夏。
>
> （铸按：先师题所居为"愿夏庐"本此。）

---

① 参看张仲谋《释"勾勒"》，《文学遗产》2007年第5期。

夏日炎炎可畏，而在秋时回忆之，亦足留恋。贾岛《渡桑干》：

> 客舍并州已十霜，归心日夜忆咸阳。无端更渡桑干水，
> 却望并州是故乡。

在并州则忆咸阳，离去时则又留恋之。蒋捷《虞美人》词：

> 少年听雨歌楼上。红烛昏罗帐。中年听雨客舟中。江
> 阔云低、断雁叫西风。　　如今听雨僧楼下。鬓已星星也。
> 悲欢离合总无情，一任阶前、点滴到天明。

借听雨叙少、中、晚年生命之不同，非常明晰。

凡此皆写对于过去生命之留恋与追忆。中国诗如此写者甚多，不必一一列举。然时间为不断之流，难于具体描写，故往往以不同之空间说明之。如以两个不同之空间，说明两个时间之变迁，其初步为划清时间之界域，每用相对性之文字说明之，称为"勾勒字"。"勾勒"乃画家术语，工笔画以线条作框廓，谓之"勾勒"，即泼墨写意，亦须作数笔勾勒，方见神采。七绝用勾勒字，目的正同。其源亦出于《诗》《骚》。《采薇》："昔我往矣，杨柳依依。今我来思，雨雪霏霏。"以"昔""今"为勾勒字。《离骚》："朝饮木兰之坠露兮，夕餐秋菊之落英。"以"朝""夕"为勾勒字。（《离骚》此类语颇多，《诗》亦然，不具引。）

第一格即为此种显用相对之勾勒字以说明时间或事物者。王昌龄此作，以"新""旧"二字勾勒。王闿运《王志》卷二论七绝句法曰：

> 此篇声调高响，明七子皆能为之，而不厌人意者，彼浮响也。此诗何以不浮？则以"新""旧"二字相起，意味无穷。杜子美"听猿""奉使"（《秋兴八首》）亦以虚实相起，彼则笨伯，此则逸才，能使下二句亦有神采。

此论精当，试再加以说明。琵琶本为胡乐，极盛行于唐时，军

中亦用之,读唐人边塞诗可证。首句劈空说起,起舞而换奏新声,面似欢庆,实则戍边士卒,穷愁无聊,作乐自遣。第二句转入正意。"总是"概括自古以来征戍之苦。著一"旧"字,谓虽唱新调而苦情如故也。第三句点明边愁无尽。此三句皆抽象语,故以具体景语作结。"长城"与"关山"映带,亦写"旧"字。秋月凄清,然不以"高高"字形容之,则与万里长城不称,写不出凄清寥旷之境矣。若言唐音,则唐人习用响亮之双字或双声叠韵之连绵词,以达成之,明七子皆师其法,而无深情厚意,组合完篇,则为王氏所讥之"浮响"矣。

其下又引顾况一诗,亦以"新""旧"为勾勒字者,诗云:

暂出河边思远道,却来窗下听新莺。故人一别几时见? 春草还从旧处生。

小石先生指出,此诗实从古人诗中化出。他说:

首句用蔡邕《饮马长城窟》"青青河畔草,绵绵思远道。远道不可思,夙夕梦见之"意。古人多临河而怀远,如(传)李陵诗"临河濯长缨,念子长悠悠"即是,盖河水流动,可使舟行,故临河而思远也。次句用谢灵运《登池上楼》"池塘生春草,园柳变鸣禽"意。新莺既鸣,听者则感时序已变,远人犹未归来。上二句实写,下二句虚写。"旧处"盖指昔日与友人游赏处,春草又生,怀旧之感自起。此诗颇善学古人,用二名篇意,参差错落,浑化含蓄,乃如己出。

小石先生于所分十六格中，各举有代表性的七绝名篇为标本，提示其勾勒字之作用，从而阐明全诗之脉络及优胜之处。但也有一些诗中无勾勒字可言，如《诗论》十五举王昌龄《送窦七》云：

清江月色傍林秋，波上荧荧望一舟。鄂渚轻帆须早发，江边明月为君留。

下云：

此格乃诗人情绪之扩大，蒙蔽一切，使之同化。在修辞学上谓之活喻，即事物不问其有无生命，均予以人格化。每用于感情最浓郁激昂之时。无勾勒字而形象浑然天成。

此格与前所说者迥异，分析亦随之作另一种提示。小石先生随之又举李白《闻王昌龄左迁龙标遥有此寄》一诗以明之。唐人七绝，首推李白、王昌龄二人之作，七绝因字数不多之故，风格上之差异本难区分，李、王二人之作空灵飘逸，更难以笔墨形容而说明其不同。然小石先生于此二首之后曰："出语明快，此青莲异于龙标处。"寥寥数语，然极富启发性，非深于诗道者不能道。

小石先生又于刘禹锡《伤愚溪》诗后评曰："唐人七绝，青莲（李白）、龙标（王昌龄）最高，然极不易学，可学者为刘、白。（铸按：先生毕生为七绝诗，得力于此二家。）学李商隐亦可，嫌稍晦耳。"

小石先生之读诗，非目下所谓鉴赏者依据若干西方理论泛泛而谈者可比。他于朴学沉潜至深，读书不轻放过一字，故在鉴赏之前每字必求得正解，这方面亦可见其功力。例如《诗论》六引王维《送沈子福之》诗，曰：

杨柳渡头行客稀，罟师荡桨向临圻。惟有相思似春色，江南江北送君归。

小石先生释之曰："临圻之'圻'当读若'矶'，不读'祈'。用谢灵运《富春渚》诗：'溯流触惊急，临圻阻参错。'《文选》李善注曰：'圻读与碕（即矶字）同。'谓近岸也。"诗下略缀数语，能在人们习焉不察的地方，作明晰之区分，有益于读诗匪浅。又如《诗论九》引李白《陪族叔刑部侍郎晔及中书贾舍人至游洞庭》一诗，中有"潇湘江北早鸿飞"一句，释之曰："潇湘，潇，清也。古时湘水最清，潇湘即清湘之意，非谓二水。"又如《诗论》十六引柳宗元《酬曹侍御过象县见寄》，曰：

　　破额山前碧玉流，骚人遥驻木兰舟。春风无限潇湘意，欲采蘋花不自由。

后又详释之曰：

　　象县，唐时亦称象州，明、清时属广西柳州府。破额山，未详所在，或云湖北黄梅有破额山，显与此诗境不合。碧玉，形容水色之美，盖指柳江，流经柳州东南入象县。木兰舟，唐宋以来，习用为舟船美称，简作"兰舟"，未必真为木兰木制。蘋花，草本，生浅水中，开花白色。"自由"一语，汉代已有之，《礼记·少仪》："请见不请退。"郑玄注曰："去止不敢自由。"
　　第三句"春风无限潇湘意"，暗用《九歌·湘夫人》"白蘋分骋望，与佳期兮夕张"辞意。下一句"欲采蘋花不自由"，言外之意，乃佳期不可得也。

有关此诗,还可介绍程千帆先生聆教时的另一种感受,借供参考。千帆先生也是二十世纪三十年代就读于金陵大学的学生,他曾追忆道:

> 记得我读书的时候,有一天我到胡小石先生家去,胡先生正在读唐诗,读的是柳宗元《酬曹侍御过象县见寄》:"破额山前碧玉流,骚人遥驻木兰舟。春风无限潇湘意,欲采蘋花不自由。"讲着讲着,拿着书唱起来,念了一遍又一遍,总有五六遍,把书一摔,说,你们走吧,我什么都告诉你们了。我印象非常深。胡小石先生教《唐人七绝诗论》,他为什么讲得那么好,就是用自己的心灵去感触唐人的心,心与心相通,是一种精神上的交流,而不是《通典》多少卷、《资治通鉴》多少卷这样冷冰冰的材料所可能记录的感受。我到现在还记得当时胡先生的那份心情、态度,就是在这样的情况下,我学到了以前学不到的东西。①

于此可见小石先生之授诗,因材施教,不拘一格,方法极为多样。然均重启发、重感悟。对前人之作则反复吟咏,借此激发情愫,沟通今古,作心灵上之交流,故非当下死板的章句之学所可比拟。

小石先生对于诗中花草树木的说明,因具专业知识的关系,其阐释尤为与众不同。例如他在《诗论》十一引陈标《蜀葵》诗,释之曰:"蜀葵是菜类,非今之向日葵。为锦葵科植物。'蜀'字含有'大'意,非地名也。或称'菺',或称'戎葵'(见《尔雅》),五月开花,似木槿,五色夺目。"又如《诗论》十四引钱起《秋夜送赵溆归襄阳》诗,云:

---

① 《两点论:古代文学研究方法漫谈》,载《古典文学知识》1997 年第 2 期。又见巩本栋编《程千帆沈祖棻学记》,贵州人民出版社 1997 年版。

斗酒忘言良夜深,红萱露滴鹊惊林。欲知别后思今夕,汉水东流是寸心。

释之曰:

斗酒,点明饯行。忘言,别愁难言也。萱,《离骚》作"蕿",又名"鹿葱",《诗·伯兮》:"焉得谖草,言树之背。"《毛传》曰:"谖草使人忘忧。"《释文》曰:"本作萱。"故又称"忘忧草"。其实萱根有毒,食之易失记忆。萱花色红,开于五月间,此处言秋夜,盖借表忘忧之意,不关时令。鹊惊林,盖暗用魏武《短歌行》"月明星稀,乌鹊南飞。绕树三匝,无枝可依"故实,表示离散失所。佳处在后两句,言别后思念之情如汉水东流无尽,总过襄阳。

由上可见,《唐人七绝诗论》虽篇幅无多,小石先生的诠释又采引而不发之势,仅在难解之处略作点拨,但循此读诗,则不仅能真切地理解文字,把握诗意,而且能知古人创作的奥秘,进窥七绝的神髓,其有益于读诗与写诗者盖亦多矣。

(南京大学出版社 2008 年 4 月版)

《胡小石文史论丛》目录

高適年谱　胡小石年表